KB174750

DMZ 접경지역 기행 4

화천편

4

D M Z
접 경 지 역
기   행

화
천

건국대학교
통일인문학연구단
DMZ연구팀

경인문화사

목
차

01 ————

화천 바윗돌에 깃든
사람들의 삶

| 화악산 촛대바위 – 비래바위 – 대이리 미륵바위 – 딴산 –
벗바위 – 간척리 처녀바위

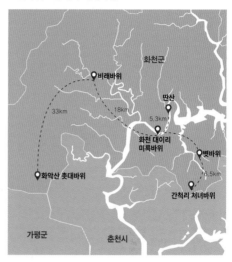

크기로 압도한다! 화악산 촛대바위
금강산에 얽힌 이야기, 비래바위
전화위복의 이야기, 대이리 미륵바위
권력을 희롱한 이야기, 딴산
공간에 경계를 만드는 돌, 벗바위
남근의 상징, 간척리 처녀바위
돌에 얽힌 이야기, 삶을 얽은 이야기

_____ 옛날, 하늘을 보며 길을 찾아 양 떼를 먹이던 그리스의 목동들은 별에 이름을 붙이고 이야기를 달았다. 길을 잃지 않기 위해 이름을 붙였고, 이름을 잊지 않기 위해 이야기를 달았으리라. 산에 살며 산을 먹던 산골 사람들에게는 변하지 않고 늘 그 자리에 있던 바위들이 바로 그리스 목동들의 별 역할을 했을 것이다.

_____ 물이 맑고 산이 많은 화천에 돌에 얽힌 이야기가 많은 것은 이 때문일 것이다. 이야기를 품은 화천의 바위를 소개하자면, 우뚝 솟은 촛대바위, 병풍 같은 비래바위, 나란한 미륵바위, 구멍이 난 창바위, 널찍한 농바위, 도둑이 숨었다던 도둑바위, 장군 같은 장군바위, 장군의 부관들 같은 줄렁바위, 산삼을 쳤다는 심바위, 글이 새겨진 볏바위, 부러진 처녀바위 등 한두 개가 아니다.

_____ 하지만 중요한 것은 바위가 아니다. 화천의 바위가 우리의 관심을 끄는 데는 바위 자체의 형상도 한몫하겠지만, 이들 바위에 얽혀 있는 우리네 삶의 모습이 더욱 크게 작용할 것이다. 이렇게 수많은 바위를 모두 설명하려면 한나절은 족히 걸릴 것이고, 화천의 아름다운 산속 곳곳을 직접 찾아가 바위들을 만나려면 일주일도 부족할 것이다. 그중 몇 가지 바위부터 살펴보면 꼭 직접 찾아가서 보고 싶은 대상이 떠오르지 않을까.

크기로 압도한다!
화악산 촛대바위

촛대바위는 화천 남서쪽 가평군과 맞닿은 화악산 줄기에 우뚝 선 바위다. 흔히 촛대바위라고 하면 바다에서는 동해시 추암동의 추암 촛대바위와 울릉군 독도리의 독도 촛대바위가 유명하다. 하지만 바다에서 올라와 있는 촛대바위와 달리 화천의 촛대바위는 육지에, 그중에서도 산꼭대기에 있어 독특하다. 높이가 20m 정도나 되니 널리 이름이 알려지지 못했을 까닭이 없다.

촛대바위라고 이름이 붙은 것들은 죄다 길쭉하니 하늘로 우뚝 솟았는데, 하필 솟대도 아니고 장대도 아니고 촛대라고 한 것은 왜일까 하는 궁금증이 인다. 바위 끝에 지는 해가 걸리면 그 모습이 꼭 촛불을 밝힌 촛대처럼 보이지 않았을까 싶다. 화천 촛대바위는 화천읍에서 보면 남서쪽, 딱 일몰의 해가 걸리기 좋은 곳인 듯하다.

촛대바위가 있는 화악산에는 유독 기암괴석이 많다. 사람들은 이 바위들을 보면서 여러 사연을 상상하고 이름을 붙였을 것이다. 아마도 촛대바위를 바라보던 사람들은 해가 뜰 무렵 산이며 들로 나서고, 해가 질 무렵 고된 몸을 이끌고 집으로 돌아갔으리라. 그런 삶을 이어가면서 뜨는 해가 걸리고 지는 해가 머무는 높다란 바위를 마주할 때, 자연스레 하루의 시작과 끝을 함께하는 촛대를 떠올리지 않았을까.

화천의 촛대바위

금강산에 얽힌 이야기,
비래바위

우리 한국인에게 금강산은 특별한 대상이다. 산수가 아름다운 한반도에서도 금강산은 예로부터 단연 최고의 절경을 자랑하는 산이었기 때문이다. 그렇기에 금강산과 관련된 이야기 또한 많다. 그중에서도 전국의 바위들이 특히나 금강산과 얽혀 있다. 그런 사연의 바위 가운데 고성의 설악산에 울산바위가 있다면, 서북쪽 화천의 만산에는 비래바위가 있다.

비래바위는 폭이 무려 100m, 높이도 60m에 달하는 넓고 거대한 바위다. 이 거대한 바위가 울창하고 푸르른 만산 위로 떡하니 튀어나와 있다. '날 비飛' 자에 '올 래來' 자를 쓰는 이 바위의 이름은, 말 그대로 이곳에 날아와 앉았다는 뜻이다. 어디서 날아왔냐고 묻는다면, 이 땅의 모든 산과 바위가 가고 싶어 했다는 금강산이라 대답하겠다.

금강산에서 날아왔다고 전해지는 비래바위

속초에 있는 울산바위와 얽힌 이야기는 울산에 있던 울산바위가 금강산으로 가던 중에 속초 설악산에 눌러앉게 되었다는 사연을 담고 있다. 울산바위가 금강산으로 향하던 바로 그때, 전국 각지의 이름난 바위들 또한 금강산을 향하고 있었다. 금강산 산신령이 수려한 풍경의 바위들로 이루어진 금강산의 일만이천 봉을 만들고자 전국의 바위들을 불러 모았기 때문이다. 금강산의 유명한 바위가 되기 위해서 울산바위를 비롯한 여러 지역의 바위들은 금강산으로 향했다. 그런데 비래바위는 다른 바위와 달리 금강산으로부터 이곳으로 날아와 앉았다고 한다.

비래바위는 화천군 상서면 구운리에 앉아 있다. 구운리는 한자 그대로 아홉 九 겹의 구름雲에 둘러싸인 마을이다. 그만큼 풍광이 아름다운 곳이라는 뜻이기도 하니 자연히 신선들의 놀이터가 되지 않았겠는가. 전하여 오는 이야기에 따르면 비래바위가 있는 이곳 구운리에 신선들이 내려와 풍광을 유람하면, 거대한 지네가 사람들이 출입하는 것을 막았다고 한다. 또 다른 이야기에서는 선녀들이 내려와 이곳 계곡에서 놀곤 하였다. 아름다운 풍광에 넋을 놓고 있다가 하늘로 올라갈 때 미처 챙기지 못하고 놓고 올라간 선녀의 비녀가 비래바위로 변했다.

비래바위는 왜 금강산에서 날아왔을까? 비래바위가 앉은 그 주변이 얼마나 아름답길래 신선이 내려오고 선녀가 내려온 것일까? 궁금한 마음을 감출 길이 없다. 하지만 그 이유가 중요하겠는가? 금강산 '일만이천 봉'의 광경에 감탄한 선조들의 마음이 이 비래바위의 이름에 담겨있다는 것이 중요하지 않을까?

전화위복의 이야기,
대이리 미륵바위

예로부터 사람들은 독특한 모양, 거대한 크기를 가진 돌들을 신령스러운 존재

미륵바위

로 여겼다. 그래서 치성致誠의 대상이자 금기의 대상으로 만들곤 했다. 사람들에게 신비로움을 간직한 돌은 치성을 드리는 이에게 복을 주고, 금기를 어기는 이에게 화를 내리는 야누스적 존재이기도 하다. 화와 복은 불현듯 찾아오기도 하지만, 때로는 신령스러운 존재인 돌이 스스로 나서기도 한다.

　화천읍 북한강 강가에 늘어서 있는 다섯 돌덩이에는 '미륵바위'라는 이름이 붙어 있다. 화천의 유명한 바위 중에서도 더 알려진 것이 바로 이 미륵바위다. 전국을 찾아보면 미륵바위라는 이름을 가진 바위들을 꽤 많이 볼 수 있다. 미륵바위라는 이름의 바위들이 전국 곳곳에 존재하는 데는 대개 아들을 점지해주기를 기원하는 대상인 기자석祈子石의 역할, 풍년을 기원하는 대상인 기풍석祈豊石의 역할이 작용한다.

미륵바위는 길쭉하게 서 있는 모양이 대부분이고, 그 모양으로 인해 대부분 남성의 성기를 상징한다. 지역에 따라 미륵바위, 미륵님, 선돌, 남근석, 성기바위, 좆바위, 자지바위, 장군바위, 뾰죽바위, 칠성바위 등으로 다양하게 불리며, 남근과 유사한 형태로 인해 아들을 낳게 해달라고 기원하는 대상이 되었다.

화천에서 기자석으로 알려진 바위는 삼화리의 아들바위, 마산리의 아들바위 등이다. 대이리 미륵바위는 기자석과는 전혀 관련 없다. 대이리 미륵바위에는 두 이야기, 소금 장수와 초립동이 이야기가 전해진다. 소금 장수 이야기에 따르면 배로 소금을 운반했던 소금 장수들은 이곳에서 제를 올렸다고 한다.

하지만 더 유명한 이야기는 초립동이 이야기다. 마을의 장 아무개라는 선비는 늘 미륵바위에 치성을 드리며 과거를 준비하던 사람이었다. 드디어 과거를 보러 가는 날, 초립을 쓴 어떤 동자가 동행을 자청하였고, 선비는 초립동이 덕에 넉넉히 한양에 도착해 큰 주막에 짐을 풀 수 있었다. 그런데 막상 계산할 때가 되니 동행했던 초립동이가 사라져버려 선비는 대금을 갚기 위해 머슴살이를 살다 과거도 못 치르고 말았다.

며칠 뒤 나타난 초립동이는 선비에게 어떤 해명도 하지 않고 '한양의 대감집 막내딸이 죽을병에 걸렸는데, 이 환약을 먹여 살리라'라고만 말하였다. 선비는 그의 말대로 대감집을 찾아가 딸을 고쳐줬고, 대감은 지난번 과거에는 장원이 없어 며칠 뒤 다시 과거를 칠 것이라고 알려줬다. 마침내 장원급제를 한 선비는 양구 현감으로 금의환향하게 되었는데, 동행하던 초립동이가 미륵바위를 지날 즈음 사라지자 그때서야 초립동이가 미륵바위의 현신現身이었음을 깨닫게 되었다는 이야기다.

화천 대이리의 미륵바위는 초립을 쓴 사람의 형상으로도 보인다.

하지만 대이리 미륵바위에 관련된 이야기는 장 선비와 초립둥이 이야기처럼 훈훈한 것만 있지 않다. 미륵바위를 화천군청으로 옮기려다 군수가 죽었다든지, 병영 안兵內으로 옮기려다 군인들이 다쳤다든지, 개인이 정원을 꾸미려 옮겨놓다 가 아들이 죽고 집안이 망했다는 등의 흉흉한 이야기들도 함께 전해진다.

사람들의 입에서 입으로 전해지는 설화가 사실인지는 크게 중요하지 않다. 중 요한 것은 치성의 대상이 되는 신령한 존재가 순식간에 파괴적 재앙으로 돌변하 는 상황을 흔하게 볼 수 있다는 점이다. 화천의 미륵바위도 그랬다. 치성의 대상 이었지만 금기의 위반과 함께 인간에게 재앙을 내리는 이야기는 강력한 존재의 힘이 지닌 근본적 양면성에 대한 경계와 두려움의 표현이기도 할 것이다.

권력을 희롱한 이야기,
딴산

화천에 전해지는 금강산과 관련된 이야기는 비래바위말고도 더 있다. 바위의 범주를 넘어 훨씬 더 큰 '산'에 얽힌 이야기도 있다. 그것은 구만리 꺼먹다리를 지나 토속어류생태체험관으로 가는 강가에 있는 '딴산'에 얽힌 이야기다. 딴산은 외따로 떨어져 있어 딴산으로 불리는데, 바로 뒤에도 산이 이어지고 있어 직접 가서 보면 당최 무슨 소린가 할지도 모르겠다.

딴산이 왜 딴산인지는 큰비가 자주 오는 장마철에 가보면 분명해진다. 딴산 정면에서는 안 보이지만 딴산 뒤로도 물길이 나 있어 비가 오면 마치 강물 속에 딴산만 혼자 우뚝 서 있는 모양새가 된다고 한다. 이 딴산도 금강산에서 왔다고 하는데, 비래바위에 얽힌 것과 비슷한 이야기가 전해진다.

딴산 전경

이야기에 따르면, 화천 땅에 있는 딴산과 비래바위는 원래 금강산에 있었다. 그래서 금강산에서는 1년에 한 번씩 승려들이 나와 이른바 '대여료'를 받아 갔다고 한다. 어느 원님이 이 '대여료' 마련에 고심하고 있을 때, 그의 일곱 살 난 아들이 가만히 보다 연유를 묻고는 "그것은 이상하다. 그들에게 딴산과 비래바위를 도로 가져가라고 하고 못 가져가겠으면 이제부터 '보관료'를 내라 하시라"라고 조언을 한다. 아이의 조언이 기가 막힌 해법이라 생각한 원님이 금강산 승려에게 대여료를 받아 가는 대신 보관료를 내라 하자 그 승려는 얼굴을 붉히며 돌아가 다시는 오지 않았다고 한다.

권력의 부당한 억압을 기지와 재치로 헤쳐나가는 이야기는 그 권력의 횡포가 심했던 당대의 시대상을 반영한다. 부패하고 악덕한 관리나 지주, 승려를 골려주는 것은 때로는 아이, 때로는 동물, 때로는 도깨비처럼 전혀 예상치 못한 존재들이다. 힘으로 맞서지 않고 영특한 지혜로 대응하여, 권력자가 스스로 자기의 꾀에 넘어가는 이야기에는 강자에게 힘을 경계하라는 은근한 훈계가 담겨있다. 그리고 이야기를 즐기는 약자들은 관계의 전복, 구조의 전복을 통해서 통쾌한 카타르시스를 느낀다.

공간에 경계를 만드는 돌,
볏바위

어린아이는 딴산의 임대료를 받으러 온 금강산 승려에게 딴산의 보관료를 달라고 하며 지혜를 보였다. 어린아이의 지혜는 일면 번개처럼 번득이는 '순간'을 말하기도 한다. 그런데 미륵바위 이야기의 장 선비는 정성을 보였다. 그는 자신을 머슴살이 살게 한 초립동이가 돌아왔을 때도 화를 내지 않았다. 그리고 결국 자신

볏바위

의 실력으로 과거에 급제할 수 있었다. 미륵바위 이야기가 보여주는 것은 꾸준함과 인내, 그리고 그것에 바탕을 둔 정성이다.

오늘날의 관점에서 본다면야 끈기, 인내, 정성이라는 덕목이 다소 고리타분하게 보일 수도 있다. 그러나 막상 삶의 순간순간에서 우리의 신뢰와 지지는 어떤 이들에게 향하는지, 그리고 신뢰와 지지를 받고 싶다면 어떤 덕목을 갖춰야 하는지 살펴보면, 이야기 속의 이들 덕목은 고리타분한 과거의 미덕으로만 그치지 않는다. 미륵바위에 얽힌 이야기는 끈기와 인내, 정성은 그 사람을 배반하지 않는다고 진지하게 조언한다.

하지만 바위에 얽힌 이야기는 이게 전부가 아니다. 돌은 특정 공동체를 이루고 사는 사람들의 경계를 나누고, 그들만의 지역을 보호하는 역할을 하기도 했다. 전 세계적으로 퍼져 있는 '선돌'들은 고인돌과 함께 거석 숭배문화의 한 영역을 차지하는 것으로 여겨지기도 한다.

서산시 온석동의 선돌은 6m나 되는 거대한 돌이다. 돌이라기보다는 바위에 가깝다. 하지만 한반도의 선돌들은 대부분 1m에서 2m에 달하는 크기를 가진다. '거석'이라기보다 '경계석'에 가까운 것들이다. 선돌을 기준으로 상입석리(웃선돌마을)와 하입석리(아랫선돌마을)로 구분하는 부안군 보안면의 경우가 대표적인 예라 하겠다.

화천군 간동면 간척리 마을 앞에는 낮은 펜스가 둘린 넓고 큰 검은 바위 하나가 있다. 볏바위다. 볏바위 상부에는 한자로 추정되는 글자가 깊게 새겨져 있다. 마을 어르신들이 어릴 적 그들의 아버지에게서 들었다는 이야기 속에서도 볏바위는 이미 '글자가 새겨져 있는 바위'였다. 그러니 볏바위가 있은 지 적어도 100년은 넘었음이 분명하다.

화천군에서는 이것이 고대 삼국시대의 흔적이라고도 하는데, 정확한 시대를 가늠하기는 쉽지 않다. 중요한 것은 이 볏바위의 기능이 '경계석'이었을 것이라는 점이다. 경계석은 이렇게 특정 영역의 초입에 세워둔다. 주변의 돌들과 다른 색이나 다른 모양, 다른 크기를 가진 돌들은 마을의 경계를 알리면서 이런 메시지를 주는 듯하다. '여기서부터는 다른 마을, 다른 문화입니다.'

이렇게 주변과 다른 독특함을 지닌 돌들을 마을과 마을이 만나는 곳으로 삼는 이유는 그 기준선으로 갈라지는 '다름'을 마음에 새겨두라는 의미가 아닐까. 다른 마을, 다른 문화의 사람들을 자신과 '같음'으로 섣불리 생각해 실수를 저지르지 않도록, 조심하고 조심하는 마음을 되새기는 표식일지도 모른다. 이런 조심하는 마음은 정 선비의 끈기, 인내, 정성을 잘 설명해주는 바탕이 된다. 우리네 삶에서 번득이는 재치도 필요하겠지만, 묵묵히 그리고 조심스럽게 옮기는 한걸음들이 모였을 때, 보다 앞으로 걸어 나갈 수 있는 것도 사실이기 때문이다.

남근의 상징,
간척리 처녀바위

앞서 기자祈子와 기풍祈豐이라는 미륵바위의 일반적인 두 역할과 함께, 미륵바위의 다른 이름들을 소개하면서 '선돌'로도 불린다고 했다. 화천에서 선돌은 간동면에 있는 돌을 부르는 이름이다. 선돌은 서 있어서 선돌이다. 선돌은 그 모양 때문에 기자석의 역할도 하지만, 또한 종종 마을의 경계를 긋는 경계석으로의 역할도 한다.

그런데 간척리에 있는 선돌은 마을을 대표하는 바위로서 화천군 관광 지도에도 표기돼 있는데, 무언가 찜찜하다. 가운데에는 금이 가고 이곳저곳에 시멘트가 덕지덕지 발린 채 기우뚱하게 서 있는 모양새를 보면, 이것이 이 동네를 대표한다는 그 '선돌'이 도무지 맞나 싶다. 표지판조차 찾을 수 없어, 혹 별것 아닌 것조차 관광 상품화하기에 급급했던 지방 소도시의 허풍은 아니었나 하는 의심마저 든다.

간척리 처녀바위

마을 사람들은 남근처럼 생긴 이 바위를 잘못 건드리면 마을 처녀들이 모두 바람이 난다는 이야기가 예부터 전해왔다고 하면서, 바위 이름을 '처녀바우'라고 불렀다 한다. 이후, 이곳에 주둔하게 된 군인들이 이 이야기를 듣고는, 말도 안 되는 미신이라며 바위를 밀어서 넘어뜨렸다고 한다. 그 후 이 근방에서는 사고가 끊이지 않았고, 마을 노인들이 모여 다시 세우고 제를 지냈다. 이후에도 시멘트 포장도로 공사를 하면서 잘못 건드려 바위가 다시 넘어지면서 두 동강이 났다고 한다. 혹시나 아이들이 돌 위에 올라가거나, 타고 넘으며 놀다가 아이들도 다치고, 돌도 깨질까 봐 시멘트로 보수하면서 윗부분을 뾰족하게 만들었단다.

바위와 관련된 이야기나 이름 중에는 금기어들인 성기의 형상과 관련된 이름들이 많다. 그만큼 우리네 삶에서 성적 욕망은 중요한 부분이었기 때문일 것이다. 하지만 이런 성적 욕망은 언제나 통제 대상이기도 했다. 그랬기에 사람들은 직접적인 묘사보다 바위와 같은 자연의 형상에 이를 부여했을지도 모른다.

선돌의 또 다른 이름인 '처녀바위'가 보여주듯 가부장적 남성 중심 사회에서 여성은 남성에게 직접적인 성적 판타지의 대상이었다. 그렇더라도 그들에게 여성은 쉽게 결합할 수 있는 대상은 아니었다. 그랬기에 여성의 성기는 다른 한편으로 성적 욕망이 불러오는 환상과 신비화, 속설의 대상이었는지도 모른다. 선돌과 함께 봉오리와 다목리의 경계에 있는 창바위도 그 예라 할 수 있다.

창바위는 가운데에 창문처럼 구멍이 있다 해서 붙여진 이름이다. 이 창바위에 따라오는 이야기가 참으로 망측하다. 말하자면 나무막대기 같은 것으로 다목리 쪽에서 창바위를 휘저으면 봉오리의 여자들이 바람이 나고, 봉오리 쪽에서 쑤시면 다목리 쪽 여자들이 바람이 난다는 것이다. 이야기는 남녀의 성관계를 직설적으로 빗대면서, 금기 위반의 결과로 한마을에 사는 모든 여성이 바람이 나는 모습을 그리고 있다. 사람들은 창바위의 이야기에, '말도 안 되는 이야기요, 칠십이 넘은 어른들이나 하시는 말씀이지 지금은 어디 있는지 모르는 사람이 태반'이라는 쑥스러운 부연을 붙인다.

하긴 지금도 선돌이나 창바위 이야기를 철석같이 믿는다면, 미신적이라는 말은 둘째치고, 전근대적 성차별주의자라는 비난이 쏟아질 것이 뻔하다. 이와 같은 미신적 금기에 대해서 근대 과학은 오만한 침범 혹은 공격을 가한다. 이야기 속에서 금기 위반의 결과인 재앙은 '카더라'로만 전해진다. 하지만 과학에서는 이러한 현상을 낱낱이 설명하고자 하며 그것이 안 될 때, 폐기하고 만다.

하지만 선돌의 또 다른 이름과, 그에 얽힌 이야기를 듣고 나면, 선돌의 상처들이 오히려 근대 과학과 전통 미신이 다투었던 전투의 흔적이 아닐까 하는 생각도 든다. 그렇지 않다면 간척리의 처녀바위는 현대 과학문화와 과거로부터 이어지는 전통문화의 공존 현장이라 할 수 있을까? 과학에 자리를 내어주면서 전설傳說은 말 그대로 '전해지는 이야기'가 되었고, 신령하고 강력했던 자연물들은 정복 혹은 관광의 대상이 되었다. 믿음과 공포에 기반했던 초자연적 인과관계는 근대 과학의 환한 전구 불빛 아래에서 앙상한 나체를 드러냈다. 그러나 그것으로 끝일까? 아니, 아니다. 그것에는 자연에 그들의 삶을 투영하는 우리네 삶이 있다.

돌에 얽힌 이야기, 삶을 얽은 이야기

걸어서 보름이 걸리던 길을 두 시간 만에 데려다주는 KTX가 있고, 새들의 영역이라 여겨지던 하늘을 날아 반나절이면 지구 반대편으로 가며, 미지의 영역이라던 우주와 신비의 세계라던 심해深海를 탐험하는 시대가 되었다.

24시간 연결된 인터넷과 어디서든 인터넷에 접속할 수 있는 스마트폰이 모두의 손에 들려 있는 시대다. 인간이 기술을 개발하는 것이 아닌 기술에 인간이 적응하는 시대이며, 넘쳐나는 정보를 어떻게 걸러야 할지가 더 고민인 시대가 바로 지금 우리가 사는 시대라 할 수 있다. 지구는 동네처럼 작아지고 손가락 하나로 바다 같은 정보를 얻을 수 있는, 과학과 기술이 지배권을 쥐고 원시적 사고와 미신을 저 멀리 치워버린 시대다.

하지만 우리에게 아직 큰 산이나 강, 오래된 나무, 별, 바위 같은 자연물에 우리네 마음을 얹고 입히는 그 옛날 물활론이나 애니미즘이 씻은 듯이 사라졌다고 할 수 있을까. 시시각각 변하는 세상 속 작은 우리에게 변치 않는 거대한 자연물이 주는 무게와 위압, 신비와 교훈은 예나 지금이나 다르지 않은 듯하다.

화천에 유명한 고개 중 하나는 구만리 화천 수력발전소로 넘어오는 '처녀고개'다. 사랑하는 남자를 만나러 중국에서 왔다는 처녀, 군대에 간 애인을 만나러 왔다는 처녀, 고려 시대 원나라에서 고려인 애인을 만나러 왔다는 처녀가 '구만리'라는 마을 이름을 오해해 구만리를 더 가야 하는 줄 알고 망연자실하여 스스로 목숨을 끊은 곳이 바로 이곳이다. 그래서 고개 이름이 '처녀고개'가 되었다.

처녀고개에 얽힌 이야기는 다양하지만, 맥락은 일맥상통한다. 처녀고개의 이야기를 듣다 보면 남편인 에로스와 다시 사랑을 잇기 위해 저승까지 찾아갔던 그리스 신화 속 프시케의 이야기가 떠오른다. 먼 길을 멀다 않고 연인을 찾아왔으나 끝내 이루지 못한 사랑 이야기에는 동서고금을 막론하고 심금을 울리는 애잔함이 있다. 그래, 사랑에 동서가 어디 있고, 고금이 어디 있으랴.

돌에 얽힌 이야기는 그 이야기를 얽은 사람들의 삶의 이야기다. 때로는 치성, 때로는 금기, 때로는 우스개, 때로는 설명의 대상이 되어왔지만 결국 그것은 어디까지나 그저 '매개'일 뿐이다. 매개를 통해 이야기를 전하는 것도, 전해진 이야기에서 마음을 찾는 것도 우리의 몫이다. 고전이 여전히 사랑받는 이유를 묻는다면, 사람들의 삶이 사실상 매우 다르지 않기 때문이 아닐까. 돌에 묻어둔 이야기들처럼.

바위에 얽힌 이야기, 바위 붙은 이름에는 각각 그 형상과 모습, 얽힌 이야기들이 있다. 그것은 아마도 바위가 우리네 삶과 함께했기 때문일 것이다. 이름은 그

스스로 붙일 수 있는 것이 아니다. 모든 이름은 누군가가 불러 주었을 때, 비로소 의미를 띠게 된다. 그래서 바위에 담긴 이름과 이야기는 우리들의 이름과 이야기 이기도 하다.

암석숭배 문화와 남근석

암석 숭배문화는 암석 신앙이라고도 한다. 이러한 것은 바위와 돌에 관련된 애니미즘(animism)이라 보아도 좋은 경우가 대부분이다. 암석을 숭배하는 문화는 석기 시대의 고인돌과 선돌 등 이른바 거석 숭앙에서 그 기원을 찾을 수 있다. 고인돌이나 선돌은 바위의 불변하는 영속성, 단단한 겉모양, 이끼가 끼는 오랜 생명력 등에 기대어 이루어진 거대한 힘에 사람들이 매달리는 것이라 볼 수 있다.

대표적인 암석숭배의 사례로 작은 선돌 내지 작은 선바위가 마을 수호신인 서낭(성황)신을 대신하는 경우를 들 수 있다. 경상북도 안동과 그 이웃 고을에는 대개 높이 40~50cm, 넓은 부분의 둘레가 1m 남짓한 원추형 자연석이 서낭당 안이나 근처의 빈터에 모셔져 있다.

남근석은 남자의 생식기를 인위적으로 조각하여 세우거나 비슷한 형태의 자연 암석을 대상으로 하여 아들 출산이나 풍년 등을 기원하고, 질병이나 악신으로부터 자신과 마을을 지켜준다고 믿는 대상이다. 남근석의 형태는 대개 선돌에다 성적인 의미를 부여한 것이 가장 많고, 때로는 거기에 조각을 가하여 남근과 비슷하게 만드는 예도 있다.

남근석의 위치는 마을을 중심으로 해서 특별히 정해져 있지는 않다. 그러나 대개 입석의 형태일 경우 마을 입구나 앞에 세워져 마을 제사 때 신을 상징하는 대상으로 받들어지거나 부녀자들이 자식 가지기를 바라는 기원의 대상이 되기도 한다. 또한 산기슭이나 산 정상 등 후미진 곳에 자연적으로 형성된 암석들도 역시 기자나 개인의 소원성취를 바라는 상징이 되기도 한다.

이처럼 남성의 성기 모양을 한 돌에 대한 신앙은 마을 사람들에게 마을의 안

녕과 풍년, 마을 경계, 액운 방지 등 다양한 의미로 해석되었다. 마을의 풍기를 순화하고 음란함을 막아주며, 청춘남녀의 순조로운 결합을 돕는다는 의미도 남근석에 부여되었다. 남근석의 훼손은 물론 욕설이나 방뇨가 금지되고, 조심스러운 언행을 해야 하는 등의 금기가 뒤따르며, 특히 득남이나 임신을 간절히 바라는 부녀자들에게는 더할 나위 없이 중요한 기원의 대상이 되기도 하기에 대부분은 마을 사람들의 각별한 보호 속에 놓여 있다.

02

화천의 산과 물, 그 사이로 흐르는 전쟁의 상흔들

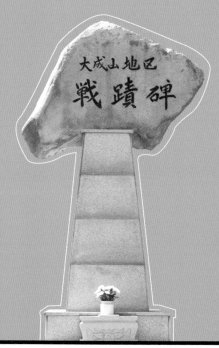

비목공원 – 643고지 전투전적비 – 사창리지구 전투 전적비 – 화천 인민군사령부 막사 – 대성산지구 전적비 – 금성지구 전투전적비

녹슨 철모에 깃든 평화의 노래, 비목공원
승전의 기억 감춰진 슬픔, 643고지 전투전적비
패전과 승전의 사이, 사창리지구 전투전적비
주인이 세 번이나 바뀐 곳, 화천 인민군사령부 막사
철원과 화천의 경계에서, 대성산지구 전적비
지루한 소모전의 마지막, 금성지구 전투전적비

_____ '물의 도시', 화천華川. '빛날 화華'에 '내 천川'이라는 이름에서도 알 수 있듯이, 아름다운 북한강의 물길이 산을 타고 화천을 둘러 흐른다. 하지만 화천의 아름다운 물길에는 무수한 생명의 사라짐과 관련된 가슴 아픈 이야기 역시 또한 흐르고 있다. 한국전쟁 당시 화천은 지리적으로 서쪽의 철원군과 경기도 가평군, 남쪽의 춘천시, 동쪽의 양구군과 경계를 이루며 서울로 향하는 후방 우회 접근로를 가지고 있어서 전략적 요충지였다. 또한, 화천댐과 화천수력발전소 역시 자리하고 있어서 이 지역을 점령할 필요성은 매우 클 수밖에 없었다. 그 누구도 원치 않았던 전쟁의 참혹한 비극은 그렇게 화천으로 찾아왔다.

녹슨 철모에 깃든 평화의 노래,
비목공원

서울대 국악과를 졸업한 한명희韓明熙(1939~)는 1964년 학군사관(ROTC) 관직에 임명되어 화천군 민통선의 백암산 지대에서 일선 소대장으로 군 복무를 시작했다. 어느 날 그는 장병들과 함께 백암산 계곡을 수색 정찰을 하던 중 잡초가 우거진 곳에서 이끼 낀 돌무덤, 그 위에 놓인 십자 모양의 비목碑木을 발견한다. 그의 고백대로 '이름 없는 병사들의 넋이 외치는 절규'가 생생하게 들리는 듯, 한명희는 그 자리를 떠날 수 없어 한동안 머물렀다. 10년이 넘게 아무도 찾지 않았던 비목은 그렇게 우리에게 나타났다. 그 후 4년 뒤 이때의 경험을 바탕으로 한명희가 시를 짓고 장일남張一男(1932~2006)이 곡을 붙여 가곡 「비목」이 탄생했다. 그리고 그렇게 화천은 한국전쟁의 대표적인 격전지로 많은 이들의 기억 속에서 자리하게 되었다.

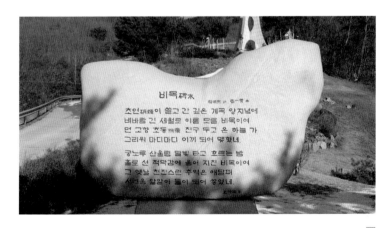

비목공원의 비목 노래비

비목공원의 비목

　　화천 평화의 댐 주변에는 바로 이러한 가곡 「비목」을 기념하기 위한 '비목공원'이 조성되어 있다. 1995년 완공된 비목공원에는 비목탑碑木塔이라 이름 지어진 기념탑을 비롯하여 철조망을 두른 언덕에 녹슨 철모를 씌운 나무 십자가들이 놓여 있으며, 그 아래쪽에는 가곡 「비목」의 노래비가 세워져 있다. 장년층 이상을 제외하고 오늘날 이 노래를 알고 있는 이는 많지 않다. 그렇지만 노래가 주는 울림은 여전히 적지 않다. 쓸쓸함과 외로움, 그리움과 서러움, 고통과 슬픔 등이 우리의 깊은 감각에 녹아들면서 전쟁 중 산화한 이들을 기리는 비목의 형상으로 집약된다. 죽음 앞에선 모든 이들이 경건해질 수밖에 없듯이, 비목공원의 모든 시설에서는 한반도의 평화에 대한 우리들의 간절한 바람들이 더욱 생생하게 느껴진다. 전쟁에 희생된 모든 이들에게 보내는 우리들의 애도가 화천의 물줄기를 따라 잔잔히 흘러가고 있다.

승전의 기억 감춰진 슬픔,
643고지 전투전적비

화천읍에서 동북방으로 약 7km가량 떨어진 대이리에는 '643고지 전투전적비'가 자리를 잡고 있다. 이 전적비는 화천 비목공원으로 가는 유일한 길인 460번 지방도로를 타고 북쪽으로 진입하면 얼마 가지 않아 볼 수 있다. '643고지'는 전쟁 당시 '수리봉'으로 불렸다. 이 수리봉은 화천읍 전체를 조망할 수 있을 뿐만 아니라 전쟁 당시에도 중요한 전략적 요충지였던 화천댐과 화천수력발전소 앞에 자리하고 있어서 그 중요성은 매우 컸다. 격전지가 될 것은 불 보듯 뻔한 일이었다. 38선 이북 지역이었던 화천은 1951년 4월 중공군 제5차 공세로 알려진 이른바 '춘계공세'가 시작된 장소였다. 빛나는 계곡물이 흐르던 화천은 어느새 가장 격렬한 전쟁의 한복판에 놓이게 되었다. 중공군은 1951년 4월 21일, 화천 사창리 부근에서 치열한 전투를 시작으로 하여 제1차 춘계공세를 벌였고, 한국군 6사단은 크게 패하고 말았다. 이에 승기를 잡은 중공군은 화천댐과 수력발전소까지 자신들의 점령지를 확대했다. 하지만 같은 해 6월 6일 한국군 6사단은 미군과 함께 이 지역의 고지를 탈환하였다. '643고지 전투전적비'는 바로 이러한 전투를 기리기 위해 세워졌다.

일제강점기에 건설된 화천댐과 수력발전소는 전쟁 당시 전력 생산량이 턱없이 부족했던 상황에서 그 중요성이 더욱 컸다. 643고지인 수리봉은 바로 그 중심에 있었다. 1957년에 건립한 전적비는 그 이후 몇 번의 보수를 거쳐서인지 상당히 깨끗했다. 전적비 주위를 둘러보려는데 안내판에 적힌 글이 발걸음을 잠시 붙잡는다. '21,550명 적 사살', '무훈사에 빛나는 대전과大戰果'라는 글귀를 지나서도 남측의 희생자가 얼마였는지는 적혀 있지 않다. 그에 비례한, 혹은 그보다 더 많은 아군 측의 희생자가 있었을지도 모르는 이 전투의 의미는 결국 몇 명의 '사살'

643고지 전투전적비

로 귀착된다. 전쟁에 대한 기록은 원래 승자의 기록일 뿐이라고 애써 위안을 삼기엔, 이 고지에서 사라진 고귀한 뭇 생명에 대한 슬픔이 너무 크게 다가온다.

전쟁은 국가가 서로를 허락하는 범위에서 서로가 서로를 죽이는 행위다. 중공군에 의한 춘계공세는 양측 모두에게 엄청난 사상자를 낳았다. 곧이어 우리가 이곳을 되찾았다고 하더라도 그것은 마찬가지였다. 생명의 비통한 사라짐에 대한 애도와 추모가 주를 이루는 것이 아니라 우리가 얼마나 적을 무찌르고 섬멸했는지가 강조될 때, 거기에 담긴 슬픔은 공식적으로 사라지게 된다. 무엇을 기억하고 어떻게 기억할 것인가가 중요한 것임을 다시한번 깨닫게 된다.

패전과 승전의 사이,
사창리지구 전투전적비

'643고지 전투전적비'의 승전 이전에서 중국군의 춘계공세가 시작된 것은 바로 '사창리지구 전투전적비'가 있는 화천의 사창리 부근이다. '643고지 전투전적비'를 지나 56번 국도를 따라 가평군과 맞닿아 있는 남쪽으로 내려가면 화천이

자랑하는 '곡운구곡谷雲九曲'을 만날 수 있다. '사창리지구 전투전적비'는 이 아름다운 계곡 반대편에 있다. 화천 사창리 부근에서 중공군에 맞서 치열한 전투를 벌이다 패한 6사단은 양평 용문산지구로 후퇴해 전열을 정비하고 다시 중공군과 접전을 벌이게 된다. 여기서 중공군은 크게 패한다.

용문산지구 전투에서 크게 패한 중공군은 화천 사내면 사창리를 거쳐 파로호破虜湖까지 후퇴하였고, 그곳에서 그 유명한 '파로호전투'를 치른다. 그런데 역사가 기록하는 사창리지구 전투는 조금씩 상이하다. 1951년 4월 중공군의 춘계공세 때 '밀려오는 중국군을 섬멸한' 전투라고 설명하거나, 반대로 한국전쟁사에서 육군의 재편을 늦추게 된 계기로 기록될 만큼 큰 패배로 설명하기도 한다. 다른한편, 한 번 패해 후퇴하기는 하였지만 같은 해 5월 이곳 사창리를 다시 탈환한 전투라고 설명하기도 한다.

하지만 이러한 기록들은 모두 대체로 한국전쟁사에서 가장 큰 규모로 진행되었던 중공군의 '춘계공세'를 막아내고 반격의 대승을 올린 '용문산전투'와 연결되어 있다는 공통점이 있다. 사창리지구 전적비는 1957년 7월에 건립했던 것을 지리적 조건 등을 참작하여 1979년 지금의 자리인 사창리 덕고개로 옮겨 새롭게 조성한 것이다. 가까이서 보니 거대한 3단의 기단基壇에 비해 상대적으로 작은 비석이 이채롭다. 긴 세월의 무게를 짊어졌던 2m 높이의 비석과 낡은 동판에는 전승의 기록만이 담겨 있다. "피에 굶주린 이리

사창리지구 전투전적비

떼와 같이 침공하는 북쪽 오랑캐"라는 첫 구절이 제일 처음 눈에 들어온다. 전쟁 기념물 중 특히 비석이야말로 특정 이데올로기와 관념 체계를 드러내는 데 가장 효과적인 상징물이라는 것은 자명하다. 하지만 이러한 전적비의 '서사(narrative)' 야말로 전쟁이 남긴 상처와 고통에 대한 성찰적 기억보다는, 전쟁 승리의 영광과 환희만을 강조하거나 '철 지난' 배타적 이데올로기를 다시금 환기하는 데 주로 활용되고 있다는 것도 사실이다. 그것을 잘 보여주는 것이 바로 '화천 인민군사령부 막사'다.

주인이 세 번이나 바뀐 곳,
화천 인민군사령부 막사

'사창리지구 전투전적비'를 지나 화천에서 가장 왼쪽에 있는 사내면으로 접어들면 북쪽으로 길이 나 있는 56번 국도를 만나게 된다. 이 길을 따라 계속 오르다 보면 다목리에 이르게 되고, 여기서 다시 461번 지방도로로 접어들면 곧이어 한눈에도 오래되어 보이는 낡은 콘크리트 건물을 볼 수 있다. 이것이 바로 화천의 대표적인 근현대사 유적인 '화천 인민군사령부 막사'다. 하지만 오늘날 인민군사령부 막사로서만 명명되고 기억되는 이 건물의 역사는 자못 흥미롭다.

일제 강점으로부터 해방이 되던 해인 1945년에 건립된 이 건물은 애초 소련 주둔군의 막사로 쓰였다. 시간이 지나 1950년 한국전쟁 당시에는 화천과 철원 일대를 지휘하던 조선민주주의인민공화국의 인민군사령부 막사로, 하지만 전쟁 이후인 1960~70년대에는 다시 한국군의 피복 수선소로 활용되었다. 해방과 전쟁, 그리고 분단이라는 한반도의 가장 선명했던 역사적 사건들을 관통하면서 이 건물의 주인이 3개 국가의 군인으로 바뀌어왔다는 사실이 새삼 놀랍게 느껴진다.

인민군사령부 막사

    이 인민군사령부 막사는 네모나게 잘린 화강석을 쌓아 장방형으로 배치하고 그 틈새를 시멘트로 마감한 단순한 형태의 건물이다. 해방 당시 지어진 건물이면서도 전쟁하는 동안에도 큰 손실 없이 온전히 그 외형이 보존되고 있다는 사실이 더욱 놀랍다. 이런 이유에서일까. 이 건물은 2002년 한국전쟁 관련 사적지로는 국내 처음으로 등록문화재 제27호로 지정되었고 군사시설에서 벗어나 민간인에게 공개되었다.

    건물 출입구는 출입할 수 없도록 폐쇄되어 있으나, 창문으로 본 내부는 크고 작은 여섯 개의 공간으로 구획되어 있다. 일견 낯선 공포심이 들기도 하나 어느 땐 소련군이, 또 어느 땐 인민군이, 또 시간이 흘러서는 한국군이 자리했을 것을 생각하니 좀 더 친숙한 '역사적 공간'으로 다가온다. 그런데 이 공간을 오직 '인민군사령부 막사'로만 기억하면서 마치 한국전쟁의 전리품처럼 상징화하는 것은 조금은 아쉽다.

화천군은 2002년 등록문화재 지정 이후에도 불구하고 산기슭에 방치되다시피 한 이 장소를 2006년에 새로이 정비하였다고 한다. 이후 이 건물은 화천군의 대표적인 '안보 관광자원'이 되었다. 하지만 이 장소는 단순히 안보 관광이 아닌, 일제강점기에 만들어진 근대문화유산들과 연관된 역사탐방에 더 어울리는 곳은 아닐까.

철원과 화천의 경계에서,
대성산지구 전적비

화천의 서쪽에서 남북으로 놓인 56번 국도를 따라 올라가다 보면 일명 '말고개'라고 부르는, 대성산大成山의 수피령水皮嶺 고개를 만날 수 있다. 780m의 이 수피령 고개의 정상부에는 '대성산지구 전적비'가 세워져 있다. 대성산지구 전투는 한국전쟁 중 화천에서 벌어진 대표적인 전투 중 사창리지구 전투와 643고지 전투, 바로 다음에 위치한다. 인민군사령부 막사에서 느꼈던 전쟁에 대한 잠깐의 느낌은 이제 더 큰 실감으로 다가온다.

한국전쟁 당시 중부 전선의 최대 격전지는 철원·평강·김화로 이어지는 '철의 삼각지', 그리고 화천 지역이었다. 대성산지구 전투는 이 둘 모두와 연결되는 중요한 전투로 알려져 있다. 그도 그럴 것이, 대성산은 중부지역의 전략적 요충지였던 화천군에서도 강원도 철원군 근남면 마현리와 화천군 상서면 다목리의 경계에 자리 잡아, 철원 지역의 교통요지일 뿐만 아니라 북쪽 경계의 여러 고지들을 살펴볼 수 있는 대단히 중요한 장소였기 때문이다.

1951년 4월부터 시작된 중공군의 춘계공세는 한국전쟁의 향방을 좌우할 정도로, 전쟁 시작 이후 최대 규모의 충돌이었다. 옛날에는 산의 남쪽에 이름난 절이 있어 '절골'이라 불렸던 대성산은 그러한 춘계공세가 벌어진 격전의 한복판에 있었던 산이었다. 이와 같은 대성산지구 전투는 1951년 6월 5일 한국군 2사단이 인민군의 공격 기도를 분쇄하기 위해 설정한 주저항선인 '캔자스 선(Kansas Line)'으로부터 현재의 휴전선과 비슷한 선이라 할 수 있는 '와이오밍 선(Wioming Line)'으로 진출하기 위해 공격을 개시하는 것으로부터 시작되었다. 대성산지구 전적비에서는 이곳 대성산에서 벌어진 전투를 다음과 같이 기록하고 있다.

"대성산지구 전투는 1951년 6월 9일 국군 제2사단 17연대가 대성산 1042고지에서 활동 중인 중공군 제58사단 177연대 병력을 섬멸하기 위해 공격을 시작, 1042고지와 신월동 및 865고지를 탈환한 후 연이어 6월 14일까지 승양고개, 삼천봉, 바조봉 일대까지 적의 공격 기세를 분쇄하였으며 이 전투에서 적 사살 453명, 생포 19명, 55점의 무기를 노획하는 전과를 올렸으며 아군 피해로는 전사 38명, 전상 123명으로 불후의 전공을 세웠다."

대성산지구 전적비

하지만 화천의 아름다운 풍경 속에서 조용하게 자리하고 있는 이 전적비가 기억해야만 하는 것은 적군 사살 몇 명, 아군 전사 몇 명과 같은 단순한 수치 비교는 아닐 것이다. 오히려 '불후의 전공'을 논하기 이전에 무수한 생명의 사라짐이 있었다는 것, 그리고 그러한 생명이라는 절대

기준 앞에서 피아彼我의 구분은 결코 중요한 것은 아닐지도 모른다는 것이다. 그래서 이곳 대성산지구 전적비에서뿐만 아니라 한국전쟁 관련 무수한 전적비에서 동일하게 반복되고 있는 표현인 "조국 수호를 위해 불굴의 신념으로 산화한 호국영령들의 고귀한 넋을 추모하며 그 위훈을 자손만대에 길이 전하고자"라는 구절은 시간이 지날수록 죽어간 자들에 관한 새로운 기억과 해석에 의해 전복될지도 모른다.

지루한 소모전의 마지막,
금성지구 전투전적비

'대성산지구 전적비' 바로 옆에는 한국전쟁의 끝자락에 벌어진 비극적인 전투를 기념하는 장소가 있다. 1953년 7월은 지루했던 휴전협정이 거의 마무리되던 시점이었다. 당시 중국은 휴전 직전의 마지막 전투를 승리로 장식하는 한편, 철원 서쪽부터 양구군 해안면 북쪽 고지대까지 이어지는 일직선의 전선에서 유일하게 북쪽으로 돌출된 지역인 '금성金城'을 차지하여 휴전협정을 유리하게 이끌어가고자 하였다. 그리하여 1953년 7월 13일부터 19일까지 중공군이 춘계공세 이후 최대 규모의 인원을 집중시킨 '금성지구 전투'가 벌어졌다.

한국전쟁의 끝자락에 펼쳐진 이 전투는 '어쩌면 없었을 수도 있었던' 수많은 사상자를 낳고야 말았다. 여러 자료에 의하면 피아를 합쳐 약 4만여 명이 넘는 인원들이 금성지구 전투에서 고귀한 생명을 마감하였다. 그런데 3년 1개월이나 되는 한국전쟁 동안, 전투의 약 70%가 현재 군사분계선 일대에서 소모적으로 벌어졌다는 사실을 아는 이는 그리 많지 않다. 또한, 이 전쟁의 막대한 사상자가 실상 전쟁 초기보다. 그로부터 1년 뒤인 1951년 7월의 휴전 교섭 이래 진행되었던 치

금성지구 전투전적비(ⓒ 국가보훈처)

열한 고지전으로부터 발생하였다는 사실을 아는 이 역시 그리 많지 않다.

한국전쟁과 관련된 전국 1,100여 개의 전적비들에는 각기 다른 역사가 기록되고 있지만, 이 '금성지구 전투전적비'는 그러한 한국전쟁의 마지막을 무심하게 기록하고 있다. 1953년 7월 27일의 휴전협정이 체결되기까지 고지 하나를 놓고 서로 빼앗았다 빼앗기기를 반복하는 고지 쟁탈전이 벌어졌던 가운데, 금성지구 전투는 그 잔혹한 고지전의 마지막 장면이다. 1957년에 건립하여 비바람에 낡아져 버린 비석과 대비되게, 그 아래 대리석으로 깔끔하게 보수된 기단은 말 그대로 깨끗하기만 하다. 금성지구 전투전적비가 보여주는 낡은 비석과 깨끗한 기단의 대비가 전쟁과 휴전의 구분처럼 느껴진다. 전쟁과 휴전, 냉전과 종전 사이에서 우리는 지금 어디쯤 놓여 있을까.

가곡 「비목」의 작사가 한명희는 이렇게 회고했다. "1960년대 민통선 지역의 군 생활 중에서 나를 불안하고 슬프게 하는 것은 적에 대한 공포보다는 산속에서 수없이 마주치는 가묘假墓라고 할 돌무더기와 막대기로 꽂아 둔 비목들이었다."

오늘날 그를 불안하고 슬프게 했던 비목은 이제 사라졌다. 하지만 우리를 여전히 불안하고 슬프게 하는 전적비는 우리 곳곳에 남겨져 있다. 자신의 의도와는 상관없이 스러져간 당시 모든 생명의 소멸에 깊은 애도를 표한다.

가곡 「비목」과 작사가 한명희

한국전쟁 당시 화천의 전적지와 관련되어 가장 대중적으로 알려진 것은 무엇보다 국민가곡이라 불리는 「비목」이다. 이 곡의 작사가이자 전 국립국악원장인 한명희는 학군사관(ROTC)으로 임관하여 군복무 중 현재 평화의 댐 북방 14km 백암산 계곡에서 우연하게 십자 모양의 비목碑木이 놓인 돌무덤을 발견한다. 제대 이후 장일남張一男(1932~2006)이 새로 작곡한 곡에 가사를 의뢰하자 이때의 기억을 되살려 노랫말을 붙여 가곡 〈비목〉을 완성한다. 이 곡은 단조에서 느껴지는 고독하고 슬픈 감정이 가사와 공감을 일으켜 1970년대 중반부터 국민적 애창곡이 되었으며 고등학교 음악 교과서에도 실리게 되었다. 한편 "초연硝煙이 쓸고 간 깊은 계곡"에서 '초연'은 화약연기를 뜻하는 단어인데, 관심을 두지 않는 '초연하다'로 해석하는 경우도 있었다. 또한 비목碑木이라는 말 자체가 사전에 없는 말이며 패목牌木의 잘못된 표기라는 주장도 있었다.

작사가 한명희는 서울대학교 국악과를 졸업하고 TBC 방송국 프로듀서 공채 3기로 입사하여 주간 라디오 프로그램 「가곡의 언덕」, 일일 프로그램 「가곡의 오솔길」등 가곡을 소개하는 음악 프로그램 진행을 맡았다. 이후 학계로 진로를 옮겨 1970년대부터 중앙대학교, 한국외국어대학교, 숙명여자대학교, 고려대학교 등에서 강사를 역임했으며 서울시립대학교에서 교수로서 은퇴하였다. 또한 2003년에는 서울특별시 문화상, 2006년에는 은관문화훈장을 받았다. 『한악계의 별들』, 『한국 음악, 한국인의 마음』, 『학 떠는 빈터에는』과 같은 저서를 집필하기도 하였다.

03

곡운 선생과 함께 걷는
굽이굽이 아홉 길

| 곡운구곡 제1곡 방화계 – 제2곡 청옥협 – 제3곡 신녀
협 – 제4곡 백운담 – 제5곡 명운뢰 – 제6곡 와룡담 – 제
7곡 명월계 – 제8곡 융의연 – 제9곡 첩석대 – 화음동
정사지

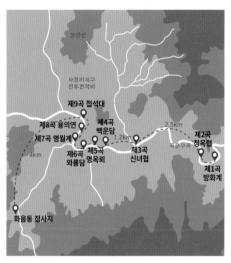

굽이굽이 물길에 핀 바위 꽃, 방화계와 청옥협
유수의 침식이 만든 땅, 신녀협과 백운담
고요의 세계로, 명옥뢰와 와룡담 그리고 명월계
아홉 굽이 물줄기를 따라, 융의연과 첩석대
화음동 정사지, 자연에 숨어서 달랜 한(恨)

_____ 물이 좋은 화천은 어느 계절에 찾아도 볼거리가 풍성하고 운치가 있는 곳이다. 산기슭에 서부터 눈이 트이는 넓은 대지에 이르기까지 크고 작은 물길들이 빚어내는 이곳의 경치들은 현란하면 서도 전혀 요란하지 않다. 다양한 매력을 품은 화천에서 큰 물줄기인 북한강을 따라가는 길의 곡선미 도 제법이지만, 북한강 지류의 하천들이 선사하는 굽이굽이 길들도 볼거리가 많다.

_____ 그중에서도 화천의 서쪽, 사내면에는 이곳의 자연이 빚어낸 풍광에 마음을 뺏긴 사람에 관한 이야기가 남아 있다. 지촌천 물굽이 아홉 곳이 좋아 '사탄史呑'이라는 원래 이름을 고치고 자리를 잡은 사람, 17세기 중·후반기를 살았던 조선의 성리학자 김수증金壽增(1624~1701)이다.

_____ 김수증은 「곡운기谷雲記」에서 "이곳은 『신증동국여지승람新增東國輿地勝覽』에 사탄이라 하였 는데, 내가 사탄이라는 우리말鄕音을 고쳐서 곡운谷雲이라 이름하였다"라고 말하고 있다. 그리하여 지촌 천은 그때부터 곡운구곡谷雲九曲으로 불리게 되었다.

_____ 현재 사내면 용담계곡과 화악산 북쪽 일대에 속하는 이곳은 17세기로부터 400여 년이 흐른 지금도 빼어난 경관을 유지하고 있다. 도로가 없어서 천연의 모습을 더 간직하던 그 옛날의 곡운 구곡을 보고자 한다면, 화천박물관을 방문해 「곡운구곡도谷雲九曲圖」를 보아야 한다. 물론 이것은 사본 이고 진본은 국립중앙박물관에 있다. 「곡운구곡도」는 김수증이 관직을 떠나 이곳에서 풍류를 즐기며 지낼 당시에 제작되었다.

김수증은 당시 평양의 화가였던 조세걸曺世桀(1636~1705 이후)을 이곳에 불러들여 「곡운구곡도」를 그리게 했다. 현재 「곡운구곡도」는 그림을 주문한 사람과 그린 사람, 실제 풍경과 시기 모두를 알 수 있는 실경산수화實景山水畵로 높게 평가받고 있다. 실경산수화는 고려와 조선 초중기에 우리나라의 자연경관이나 명승지를 소재로 그린 산수화를 이르는데, 조선 후기 정선鄭歚으로 대표되는 진경산수화眞景山水畵로 발전하는 데 바탕이 된 화풍이다.

조선의 성리학자들 가운데는 중국 남송의 주자가 만든 무이구곡武夷九曲과 「무이구곡도武夷九曲圖」를 모방하여 정사精舍 경영과 구곡도 제작을 한 이들이 있었다. 조선 시대 엘리트들의 정신세계를 대표하는 '주자학'의 창시자 주희朱熹(1130~1200)의 전통을 따라 일종의 유행이 만들어진 것이다.

당시 주자는 복건성福建省 무이산武夷山의 숭계崇溪 상류 지역에 무이정사武夷精舍를 짓고 그곳을 무이구곡武夷九曲이라 이름 붙였다. 그리고 54세가 되던 1183년부터 그곳에 은거하였다. 조선의 성리학자들도 주희를 따라 한반도 곳곳에서 '구곡 찾기'와 '구곡 이름 붙이기', 그리고 '구곡도 그리기'에 빠져들었다. 「곡운구곡도」는 이러한 유행의 결과다. 우리나라의 구곡 6개소 중에서 현재 실경이 남아 있는 곳은 괴산의 화양구곡과 이곳, 두 곳뿐이다.

'구곡도 유행'은 율곡 이이李珥(1536~1584)가 황해도 고산군 석담리에 고산구곡高山九曲을 정한 것에서부터 시작되었다. 그러나 정작 이이는 고산구곡을 정해두고도 자주 찾지 못하였다. 구곡도의 등장은 훗날 송시열宋時烈(1607~1689)이 「고산구곡도高山九曲圖」를 제작할 때까지 기다려야 했다. 송시열은 구곡도 제작을 통해 이이의 학통을 잇는다는 정통성을 내세움과 동시에 같은 계파의 정치적 결속을 도모하였다.

굽이굽이 물길에 핀 바위 꽃,
방화계와 청옥협

춘천 쪽에서 화천으로 넘어오면 56번 국도를 달리게 된다. 그 길을 따라가다 나오는 갈림길에서 왼쪽으로 들어서면 계곡과 나란히 난 좁은 길이 나온다. 그 길에서 상류 쪽으로 조금 올라가면 도로변에 세워진 큰 비석이 나타난다. 바로 곡운구곡의 첫 번째 자리, 제1곡 방화계傍花溪의 표지석이다.

「곡운기」에서는 이곳의 이름과 관련하여 "골짜기가 깊숙하고 깨끗하여 기상이 깊고 고요하며 격한 물살이 바위를 따라 이어지고 바위에는 꽃이 만발하였다"라고 적고 있다. 즉, 봄철에 이곳을 찾으면 진분홍의 진달래가 곳곳을 수놓기 때문에 '바위마다 꽃이 만발하는 계곡'이라는 이름을 붙였다는 것이다.

방화계를 뒤로하고 다시 굽은 계곡 길을 따라 상류 쪽으로 올라가면 곧이어 2곡 청옥협靑玉峽을 만난다. '맑고 깊은 물이 옥색과 같은 협곡'이라는 뜻의 표지석에는 "이곡이라 험한 산에 산봉우리 우뚝하니, 흰 구름 누른 잎은 가을빛을 발한다. 걸어 걸어 돌사다리 신선 세계 가까우니, 속세 떠나 몇만 겹 들어온 줄 알겠네"라는 시구가 새겨져 있다.

17세기를 살았던 사람, 21세기를 사는 사람 할 것 없이 곡운구곡 첫머리의 풍경은 보는 순간 감탄이 흘러나온다. 하지만 이 풍경은 수십 억 년 동안 자연이 지나온 흔적들이 쌓이고 깎이며 만들어진 것이다. 화천·양구·인제 일원은 과거 대륙충돌 과정에서 일어난 변성작용, 중생대 시기 발생했던 화산활동, 신생대 시기 산이 만들어지는 조산造山 활동 등이 중첩적으로 발생하면서 생겨난 지질·지형이 다수 분포하는 지역이다.

이러한 지질 활동의 결과로 만들어진 화천의 깊은 산과 계곡은 고유의 산촌문화를 형성했고, 다양한 동·식물들의 삶의 터전이 되어 주었다.

1곡 방화계

제1곡 방화계(© 국립중앙박물관)

청옥협

제2곡 청옥협(© 국립중앙박물관)

유수의 침식이 만든 땅,
신녀협과 백운담

곡운구곡의 길을 따라 분포하는 하천 주변 돌들을 들여다보면 큰 결정이 아주 작은 크기의 광물들에 둘러싸여 있는 것을 볼 수 있다. 반상화강암(Porphyritic grantic granite)이다. 반상화강암은 25억 년~5억 7천만 년 전인 선캄브리아기에 형성된 변성암류를 관입(마그마가 암석 틈을 따라 들어가 굳어지는 것)한 중생대 쥐라기(2억 8천만 년~1억 4천 4백만 년 전)의 화강암이다. 화강암은 강도가 단단한 편인데, 이렇게 단단한 기반암이 강바닥을 이루고 있어서 다채로운 하천 지형이 발달할 수 있었다.

특히 곡운구곡 일대에는 유수流水의 침식 때문에 발달하는 원형 또는 타원형의 구멍을 이르는 포트 홀(Pothole)이나 소규모 폭포와 폭포 아래 암반 상에 깊게 팬 둥근 와지窪地인 폭호瀑壺(Plunge Pool) 등을 볼 수 있다.

이곳의 지형이 구불구불한 물길, 즉 감입곡류嵌入曲流 하천의 형태를 띠고 있는 것은 이곳의 지반이 위로 솟구쳤던 적이 있었기 때문이다. 이 일대는 신생대 제3기에 한반도의 지반이 융기한 곳이다. 지반이 높아진 이후에 산지와 고원지대를 흐르는 물의 낙차가 커져 침식작용이 활발해지면서 지금과 같은 지형을 형성하게 된 것이다. 곡운구곡은 이런 지질 활동의 결과다.

특히 9곡 중에서도 으뜸으로 꼽는 3곡 신녀협神女峽과 4곡 백운담白雲潭은 화강암에서 특징적으로 나타나는 판상 절리板狀節理(plate joint, sheeting joint) 구조를 볼 수 있는 곳이기도 하다. 지하 깊은 곳에서 만들어진 화강암이 지표로 드러나게 되면 암석을 누르고 있던 압력이 사라지면서 팽창하게 된다. 그리고 이 과정에서 암석의 수평 방향으로 결이 생기는데, 이를 절리(joint)라고 부른다.

신녀협과 백운담에서는 이와 같은 판상절리가 발달한 화강암 반석들을 관찰

진달래 우거진 3곡 신녀협 　　　　　　제3곡 신녀협(ⓒ 국립중앙박물관)

4곡 백운담 　　　　　　제4곡 백운담(ⓒ 국립중앙박물관)

할 수 있다. 3곡 신녀협은 평평하게 자리 잡은 넓은 바위 사이를 물줄기가 현란하게 굽이쳐 흐르는데, 이곳에 설치된 다리에 올라가면 그 구조를 더욱 자세히 확인할 수 있다. 신녀협보다 조금 상류 쪽에 있는 백운담에서는 그 이름처럼 희고 거대한 화강암 반석을 흐르던 기세 넘치는 물줄기가 구렁으로 떨어지며 흰 구름을 일으키는 모습을 볼 수 있다.

고요의 세계로,
명옥뢰와 와룡담 그리고 명월계

백운담을 지나 다시 상류 쪽으로 길을 잡으면 곧 5곡 명옥뢰鳴玉瀨를 만난다. 명옥뢰에 쓰인 뢰瀨자는 여울을 뜻하는데, 이 여울물에 대한 가을밤의 감상이 참으로 헛헛하다. "다섯 굽 깊은 밤에 시냇물 소리 들리니, 옥패를 흔드는 소리 빈 숲을 울리네. 솔 문을 나서 서리 언덕 고요히 걸으니, 둥근달 홀로 세상 밖 마음으로 거문고를 타네."(김수증의 조카 김창흡의 시)

하지만 정작 명옥뢰가 내려다보이는 곳에 서서 계곡을 내려다보면 외롭고 쓸쓸한 감상의 시구와는 달리 단아하고도 청량한 기운이 느껴진다. 백운담만큼은 아니어도 시원하게 흐르는 물소리는 마음도 깨끗하게 해주는 것 같은 감상을 주기도 한다.

의문을 뒤로하고 다시 계곡 길을 따라가면 곧 6곡 와룡담臥龍潭에 이른다. 와룡은 제갈량의 별호로, 와룡담이라는 이름을 붙인 장소는 전국 곳곳에 존재한다.

5곡 명옥뢰

제5곡 명옥뢰(© 국립중앙박물관)

그만큼 제갈량을 흠모했던 사람들이 많았던 모양이다.

"여섯째 굽 푸른 물굽이 깊은 곳에 거하니, 천길 와룡담 그림자 소나무 문에 어리네. 못 속에 잠긴 용은 세상사에 관여치 않으니, 물속에 드러누워 한가롭게 사는구나."(김수증의 아들 김창직의 시) 와룡담에 붙인 시구를 통해 김수증이 유비劉備를 따라나서기 전 속세에 관여하지 않고 살았던 제갈량처럼 살고 싶은 마음을 드러냈다는 것을 알 수 있다.

그런데 와룡담을 지나 7곡 명월계明月溪에 들어서자 풍광이 완전히 바뀐다. 화려하던 계곡의 풍경이 한적한 시골 마을의 개울과 같은 모습으로 바뀌기 때문이다. '일곱 굽 넓은 못은 얕고 세찬 여울로 이어지니'라는 언급 역시 이곳이 9곡의 다른 곳에 비해 그저 그러한 감상을 주는 모습이었기 때문인 것 같다. 그런데 '맑은 물결에 비추는 달밤이 더더욱 좋다'고 치켜세워 주며 나름의 의미를 부여해준 것을 보면 혹시 9곡을 다 맞추기 위한 구실로 이곳이 필요했던 건 아닐까 하는 생각마저 든다.

6곡 와룡담

제6곡 와룡담(© 국립중앙박물관)

아홉 굽이 물줄기를 따라,
융의연과 첩석대

8곡 융의연(隆義淵)은 계곡이라고 하기엔 너무 널찍하고 강이라고 하기엔 비교적 폭이 좁은 물줄기가 흐르는 평평한 대지에 있다. 방화계만큼은 아니지만, 이곳도 제법 꽃놀이하기에 좋은 장소다. 잔잔히 흐르는 물길과 건너편으로 보이는 넓은 바위의 아래와 위로 피어난 가지각색의 꽃들이 어우러진 풍광이 우리의 발길을 붙잡는다.

9곡의 마지막 장소인 첩석대(疊石臺)는 층층이 쌓인 바위를 뜻한다. 김수증은 길었던 그의 생의 마지막을 곡운에서 보냈다. 부귀영화를 좇아 권력의 가까이에서 사는 대신, 여기 첩첩이 쌓인 바위처럼 무상한 세월의 흔적 속에, 자연의 흔적 속에 남아 일생을 마감하는 길을 택한 것이다. 그것은 그가 살았던 시대가 혼란의 시기였기 때문이리라.

9곡 첩석대

김수증이 살았던 17세기 조선은 500년 역사를 통틀어 손에 꼽을 만큼 스펙터클한 '정쟁政爭'의 시대였다. 조선 역대 임금들 중 영조(51년 7개월)에 이어서 두 번째로 재위기간이 길고, 왕권 강화에 주력하던 군주여서 드라마의 단골 소재가 되는 숙종肅宗(1661~1720, 45년 11개월) 시기가 바로 이때다. 또한 이 시기는 현종顯宗(1641~1674) 대의 예송논쟁禮訟論爭부터 숙종 대의 환국換局으로 이어지는 이른바 '환국 정치'의 시대로 정치 논쟁이 그칠 날이 없었던 날들이었다.

특히 이 시기는 서인과 남인의 정치적 대립이 극심하였다. 김수증은 당시 서인의 핵심 인물인 김수항金壽恒(1629~1689)의 형으로, 평강현감과 성천부사를 지내고 공조참판에 임명될 만큼 권세가였다. 그가 혼란스러웠던 정쟁의 소용돌이 속에서 벗어날 수 없었던 것은 당연한 일이었다. 그래서 김수증은 융의연을 보고 "어부는 다시 무릉도원 가는 길을 찾건만, 이곳이야말로 인간 세상에 별천지가 아니던가"라고 읊었는지도 모른다.

9곡 첩석대(© 국립중앙박물관)

화음동 정사지,
자연에 숨어서 달랜 한(恨)

1670년 김수증이 처음으로 화천 사내면의 아름다운 계곡을 알아챘을 때는 1차 예송인 기해예송己亥禮訟의 영향으로 서인이 집권하던 시기였다. 그랬기에 그는 이곳에 은거할 생각까지는 하지 않았던 것으로 예측된다.

그러나 1674년 갑인예송甲寅禮訟으로 남인이 집권하고 이듬해 동생 김수항과 서인의 거두 송시열이 유배 가게 되자 김수증은 평강현감 직에서 물러나 본격적으로 곡운구곡을 경영하기 시작했다. '1차 은거의 시기'다. 이때 김수증은 자신의 자제와 친지들을 불러 모아서 주희의 무이구곡을 모방한 곡운구곡에 관한 시를 짓도록 했다. 1곡에서 9곡까지 나이순으로 시를 지었던 것으로 전해지고 있다.

그 후 1680년 경신환국庚申換局으로 다시 서인이 집권하게 되자 김수증은 5년간의 은거 생활을 접고 회양부사에 부임한다. 그러나 이듬해에 바로 사직하고 다시 곡운구곡으로 돌아온 김수증은 1682년 이곳에 평양 출신의 화가 조세걸을 불러 「곡운구곡도」를 그리게 하였다. 그렇게 이곳에서 좋은 세월을 보내다 1686년에 다시 관직에 나가 청풍부사를 지내던 김수증은 또다시 당쟁의 풍파에 휘말리게 된다.

1689년, 숙종은 당시 숙의였던 장희빈이 낳은 아들의 원자 호칭 문제를 놓고 서인 쪽에서 문제를 제기하자 이를 빌미 삼아 기사환국己巳換局을 일으켰다. 인현왕후를 지지해서 두 차례나 상소를 올렸던 송시열과 동생 김수항은 이 길로 사약을 받고 죽음에 이른다. 김수증이 부사직에서 물러나 화천으로 돌아오는 것은 정해진 수순이었다. 그렇게 돌아온 김수증은 화음동 정사華陰洞 精舍를 짓고 2차 은거에 들어간다.

지금은 터만 남아 있는 화음동 정사는 곡운구곡보다도 더 깊은 화악산 골짜기에 자리 잡고 있다. 환갑이 넘은 나이에 정쟁의 한 가운데에서 아우의 죽음까지 봐야 했던 김수증의 가슴에는 한恨이 깊었을 것이다. 그렇더라도 분명 당시 무진 시절을 겪었던 백성들의 한에 비한다면야 그의 개인적 한은 결코 깊다고 할 수 없을 것이다. 임진왜란과 병자호란을 거치면서 백성들의 삶은 완전히 파괴되었다. 두 번의 전란 동안에 임금은 도성과 백성을 버리고 달아났다. 자신의 터전에 남아 싸우고, 죽고, 살아남은 이들은 백성들이었다. 나라 꼴이 말이 아니었다.

그러나 조선 사대부, 특히나 서인들은 뭉개진 자존심을 세우고 권력을 유지하는 데 급급하였다. 현종 대의 예송논쟁과 숙종 대의 환국은 남인과 서인 간의 당쟁이기도 하지만, 왕권과 신권 간의 싸움으로, 전쟁 이후의 사회개혁 방향을 둘러싼 권력투쟁이기도 하다.

그 파장의 한 가운데에서 김수증의 삶도 굴절되었다. 그나마 그의 원통한 '한恨'은 경치 좋은 이곳에서 '한閑'가롭게 달랠 수 있었지만, 백성들은 그 고통을 삶의 현장에서 온전히 이겨내야 했다. 정쟁의 풍파를 지나 1689년에 2차 은거를 위해 화천에 돌아왔던 김수증은 그 후 다시는 관직에 나가지 않았다. 1694년 갑술환국甲戌換局으로 다시 남인이 몰락하고 노론과 소론으로 갈라진 서인계가 집권을 하면서 기사환국 당시 사사賜死되었던 송시열과 김수항이 복권되었음에도 김수증은 다시는 정계에 나서지 않았다.

온 세상을 경영한다고 자신하는 인간이지만, 권력에도 끝은 있다. 기나긴 자연의 조화 앞에서는 인간의 삶도 아침 수증기와 같은 존재일 수밖에 없다. 김수증은 수려한 산속 골짜기에 들어와 살면서 그런 이치에 자신을 맡긴 것인지도 모른다. 하지만 그칠 줄 모르는 물줄기처럼 시간은 1초도 쉬지 않고 흘렀다. 굴곡진 곡운구곡처럼 그 후의 시간은 식민과 분단, 전쟁 등으로 굴곡지며 흘러왔다. 그리고 또 앞으로 삶은 흘러갈 것이다. 계절마다 꽃을 피우는 곡운구곡과 함께 말이다.

시와 함께 걷는 곡운구곡

곡운 김수증은 아들, 조카, 손자들과 함께 주자의 「무이도가」를 모방해 화첩 「곡운구곡첩」을 만들었다. 곡운구곡을 방문하면 아홉 곳의 위치마다 시가 적혀있는 커다란 바위를 볼 수 있다. 여기에 새겨진 것이 바로 「곡운구곡도첩谷雲九曲圖帖」에 쓰인 각 장소에 해당하는 시다. 한편 다산 정약용茶山 丁若鏞(1762~1836)은 1823년 곡운구곡과 곡운서원을 찾는다. 그리고 당시 자신의 행적을 「산행일기汕行日記」에 남겼다. 여기에는 그가 「곡운구곡도첩」을 평하면서 추가로 지은 시가 남아 있다. 이들 모두 주자의 「무이도가」 10개의 시에서 음운을 차용해 만들었다.

그렇기에 「무이도가」와 「곡운구곡도첩」의 시, 그리고 정약용의 수정 버전을 함께 비교하면서 곡운구곡을 여행하는 것은 색다른 재미를 느낄 수 있다.

- 서시

「무이도가」는 서시序詩에서부터 시작되는데, 「곡운구곡도첩」이나 정약용의 시 역시 마찬가지다.

> 「武夷櫂歌(무이도가) 서시」
> 武夷山上有仙靈(무이산상유선영) 무이산 위에는 신선의 정령이 어려 있고,
> 山下寒流曲曲淸(산하한류곡곡청) 산 아래 찬 물줄기는 굽이굽이 맑게 흐른다.
> 欲識個中奇絕處(욕식개중기절처) 그 속의 기이한 절경은 보고 있자니,
> 櫂歌閑聽兩三聲(도가한청양삼성) 뱃노래 두어 자락 한가롭게 들리는구나.

「谷雲九曲圖帖(곡운구곡도첩) 서시」

絕境端宜養性靈(절경단의양성령) 인적이 끊겨 성령을 기르기에 마땅하니,
暮年心跡喜雙淸(모년심적희쌍청) 말년에 마음과 자취 깨끗하니 기쁘도다.
白雲東畔華山北(백운동반화산북) 백운산의 동쪽이요 화악산의 북쪽이라,
曲曲溪流滿耳聲(곡곡계류만이성) 굽이굽이 흐르는 시냇물이 귀에 가득하네.

정약용이 쓴 서시에 해당하는 것은 아래와 같다.

塵塗無物養心靈(진도무물양심영) 티끌만 한 세속에도 심령을 기를 것이 없
더니,
僻處天藏水石淸(벽처천장수석청) 외진 곳에 하늘이 맑은 수석을 장식해 놓
았네.
須從百慮交喧地(수종백려교훤지) 온갖 잡념으로 번잡한 속세를 살다가,
醒記雲山瀑布聲(성기운산폭포성) 백운산 폭포 소리를 기억하며 깨우치노라.

– 1곡
「무이도가 제1곡」
一曲溪邊上釣船(일곡계변상조선) 첫째 굽 냇가에서 낚싯배를 오르나니,
幔亭峰影蘸晴川(만정봉영잠청천) 만정봉 그림자가 맑은 시내에 잠겨 있다.
虹橋一斷無消息(홍교일단무소식) 무지개다리 한번 끊어진 뒤로 소식이 없더니,
萬壑千巖鎖翠煙(만학천암쇄취연) 골짜기 무수한 봉우리들에 뿌연 안개가
자욱하다.

「곡운구곡도첩 제1곡 – 방화계」
一曲難容入洞船(일곡난용입통선) 첫째 굽 세찬 물결에 배 들어오기도 어
　　　　　　　　　　　려우니.
桃花開落隔雲川(도화개락격운천) 복숭아꽃 피고 지는 구름비에 가로막혔네.
林深路絕來人少(림심로절래인소) 숲은 깊고 길을 끊겨 찾아오는 이 드문데,
何處山家有吠煙(하처산가유폐연) 어느 산속 집에서는 개 짖고 연기 피어
　　　　　　　　　　　오르네.

　한편 정약용은 김수증이 명명한 곡운구곡과는 다른 자기 나름의 구곡을 정했
는데, 1곡 방화계의 경우는 그 이름도 바꾸었다. 자리를 고친 이유에 대해서는 "1
곡은 망화계網花溪이다. 이곳은 마치 무릉도원武陵桃源의 동구洞口와 같다. 그렇기에
방芳을 고쳐 망網이라 하였다."라고 하며 다음의 시를 남겼다.

「망화계」
一曲溪頭菓繁船(일곡계두과번선) 일곡 시냇가에 배를 매어놓지 마라
網花纔肯放奔川(망화재긍방분천) 망화계 꽃잎들이 강물을 따라 힘차게 내
　　　　　　　　　　　달리도록
誰知百疊靈源內(수지백첩령원내) 누가 첩첩이 가려진 신령한 원천 속에서
靑起山根處處煙(청기산근처처연) 푸른 산기슭 곳곳에서 연기가 날 줄이야.

– 2곡
「무이도가 제2곡」
二曲亭亭玉女峰(이곡정정옥녀봉) 둘째 굽에 우뚝 솟아오른 옥녀봉이여,
揷花臨水爲誰容(삽화임수위수용) 꽃 꽂고 물가에 서 있으니 뉘를 위한 단
　　　　　　　　　　　장인가.
道人不作陽臺夢(도인부작양대몽) 도인은 꿈속 무산선녀를 다시 꾸지 않으니,
興入前山翠幾重(흥입전산취기중) 흥겨운 것은 겹겹이 쌓인 앞산의 푸르름
　　　　　　　　　　　이라네.

「곡운구곡도첩 제2곡 – 청옥협」
二曲峻嶒士作峰(이곡준증옥작봉) 둘째 굽 옥 봉오리 오뚝함을 더하니,
白雲黃葉暎秋容(백운황엽영추용) 흰 구름 누른 잎은 가을빛을 뽐내고 있네.
行行石棧仙居近(행행석잔선거근) 돌다리를 걸어 걸어 신선의 거처로 들어가니,
己覺塵喧隔萬重(기각진훤격만중) 속세를 떠나 몇만 겹을 지나온 줄을 알겠네.

　　여기서 정약용은 아예 새로운 제안을 하는데, 원래 곡운구곡의 1곡인 방화계
와 2곡 청옥협 사이에 2곡을 '설벽와雪壁渦'로, 3곡을 '망단기望斷碕'를 추가하고 이
유와 함께 다음과 같은 시를 남겼다.

　　"설벽와는 내가 이름 지은 곳이다. 망단기를 따라 동쪽으로 가다가 또다
시 한 모퉁이의 산을 돌면 바람을 일으키는 급류와 눈처럼 부서지는 물
거품이 놀랍고도 볼만하다. 북쪽 언덕에 병풍처럼 두른 석벽이 옥이나
눈가루처럼 희고, 움푹 파인 바위는 마치 절구통과 같다. 그래서 설구와
(雪臼渦)라고 부를 수도 있고 또 설벽와라고 할 수도 있다. 또다시 그 아
래로 한 굽이를 돌면 바람을 일으키는 급류와 눈처럼 부서지는 물거품
이 놀랍고도 볼만하다. 또 잔잔히 흐르는 물속에 거북처럼 생긴 돌이 있
다. 남쪽으로 머리를 두고 북쪽으로 꼬리를 두고 있으며, 물가에 흰 돌이
넓게 깔려 있어 100여 명이 앉을 수 있다. 내가 또 이곳을 영귀연(靈龜
淵)이라 하였다."

「설벽와」
二曲天飛縹緲峯(이곡천비표묘봉) 둘째 굽 하늘을 날 듯 봉우리 아련하니,
風湍上下競修容(풍단상하경수용) 바람을 탄 급류가 위아래를 다투네.
瑤屏玉壁仙游處(요병옥벽선유처) 신선이 노니는 곳에 옥 병풍을 둘러쳤으니,
己道雲梯隔一重(이도운제격일중) 한 겹 가린 구름다리로 이미 나를 이끄
　　　　　　　　　　　　　　　　는구나.

"망단기(望斷磯)는 내가 뽑은 곳이다. 청옥담 아래로 산모퉁이 하나를 돌면 바람을 일으키는 급한 여울과 눈처럼 하얗게 부서지는 물이 있어 참으로 즐길 만하다. 너른 반석이 평평하여 수백여 명이 앉을 만하다. 위에 또 벽력암(霹靂巖)이 있다. 높고 기이하여 놀랄 만한 경관이다. 이곳은 본래 이름이 망단기니, 돌길이 이곳에 이르면 더욱 험하여 앞으로 나아갈 길이 끊어짐을 이르는 말이다. 나와 약암(約菴) 등 여러 사람과 함께 이곳에서 발을 씻었다."

「망단기」

三曲瞿唐欲退船(삼곡구당욕퇴선) 셋째 굽 구당협으로 배를 물리고 싶지만
蓬山弱水轉茫然(봉산약수전망연) 봉래산과 약수는 더욱 아득하기만 하네.
幾人望斷磯頭路(기인망단기두로) 몇 사람이나 험한 절벽에서 소망을 끊었을까
搔首踟躕也可憐(소수지주야가련) 머리 긁적이며 주저하는 모습이 애처롭구나.

이렇듯 정약용이 2곡과 3곡을 추가하였기 때문에, 김수증의 2곡 청옥협에 해당하는 곳은 정약용의 시에서는 4곡 청옥담靑玉潭으로 바꾸었다.

"청옥담에서 담(潭)은 본래 협(峽)으로 썼다. 신녀협 밑에 있어 맑은 못의 검푸른 물빛이 마치 청옥과 같으며, 북쪽 언덕의 넓은 반석은 노닐 만하다. 물이 깊기로는 의당 9곡 중에 첫째가 될 것이다. 또한 배를 띄울 만하다."

「청옥담」

四曲澄泓浸雲巖(사곡징홍침운암) 넷째 굽 맑고 깊은 물에 구름 바위 잠기니,
垂蘿高葉裊氍毵(수 나고엽뇨모참)덩굴에 드리운 나뭇잎은 하늘하늘 흔들리네.
湍如竹節抽爲氣(단여죽절추위기) 대쪽 같은 여울은 기운을 돋우나니,
石似蓮花拱作潭(석사련화공작담) 연꽃 같은 바위는 빙 둘러 못을 이루네.

- 3곡

「무이노가 세3폭」

三曲君看架壑船(삼곡군간가학선) 셋째 굽에서 그대는 시신을 실은 배를
보았는가.

不知停棹幾何年(부지정도기하년) 노 젓기를 그친 지 몇 해인지 모르겠네.

桑田海水今如許(상전해수금여허) 뽕밭이 바다로 바뀐 것이 언제였던가.

泡沫風燈敢自憐(포말풍등감자련) 바람 앞에 등불처럼 물거품 같은 인생이
가여워라.

「곡운구곡도첩 제3곡 - 신녀협」

三曲仙踪杳夜船(삼곡선종묘야선) 셋째 굽 신선은 밤 배에 자취를 감추나니,

空台松月自年千(공태송월자년천) 빈 누대 소나무에 걸린 달은 천년을 흘
렀어라.

超然會得清寒趣(초연회득청한취) 맑고 찬 정취에 취해 초연히 노나니,

素石飛湍絕可憐(소석비단절가련) 흰돌 위를 나는 여울이 너무나 아름답구나.

한편 정약용은 신녀협의 이름을 다음과 같이 평하면서 신녀회靑玉潭로 바꾸었
고, 정약용의 구곡 중에서는 제5곡에 해당한다.

"신녀협은 벽의만 동쪽 한 화살 사정거리에 있다. 상·하 두 소용돌이를
이루는데, 위에 있는 소용돌이는 명옥뢰와 견줄 만하고, 아래에 있는 소
용돌이는 너무나 기괴하여 형언할 수 없다. 양쪽의 언덕이 깎아지른 벼
랑처럼 서 있는 협곡이 아닌데도 협(峽)이라고 이른 것은 대개 그 웅덩
이의 형태가 마치 두 언덕이 협곡을 이룬 것 같기 때문이다. 우레 소리
가 나고 눈처럼 흰 물결이 용솟음치며 돌 색깔 또한 빛나 반들반들하다.
과연 절묘한 구경거리이다. 정녀협 위에서 소용돌이치는 물은 명옥뢰와
견줄만 하고, 아래에서 소용돌이치는 물은 기괴하여 형언하기 어려운 까
닭에 '신녀회'라고 묘사하였다."

「신녀회」

五曲春山深復深(오곡춘산심복심) 다섯 굽 봄 산은 깊고 깊으니,

冷冷環佩響空林(냉랭환패향공림) 냉랭한 패옥 소리 빈 숲을 울리네.

自從立得貞修願(자종립득정수원) 스스로 곧음의 소원을 따르리니,

百洗人間未了心(백세인간미료심) 인간의 미진한 마음을 몇 번이고 씻어주리.

– 4곡

「무이도가 제4곡」

四曲東西兩石巖(사곡동서양석암) 넷째 굽 동서로 마주 선 대장봉과 선조대여,

巖花垂露碧監毿(암화수로벽감삼) 이슬 머금고 꽃을 피운 바위는 푸르게
드리웠도다.

金鷄叫罷無人見(금계규파무인견) 금계 울어 새벽을 알려도 보이는 이는
없고,

月滿空山水滿潭(월만공산수만담) 빈 달에 달빛이, 와룡담엔 물결이 가득
하구나.

「곡운구곡도첩 제4곡 – 백운담」

四曲川觀倚翠巖(사곡천관의취암) 넷째 굽 시냇물이 비춰 빛 바위에 기대
보니.

近人松影落毿毿(근인송영락삼삼) 가까운 솔 그림자가 물속으로 부서지며
떨어지네.

奔湅濺沫無時歇(분총천말무시헐) 뿜어대며 흩어지는 물줄기 그칠 줄 모르니.

雲氣尋常漲一潭(운기심상창일담) 구름 기운이 언제나 못 위로 넘쳐 흐르네.

여기서 정약용은 김수증의 3곡 신녀협과 4곡 백운담 사이에 6곡 벽의만
을 추가하는데, 이로써 김수증의 4곡 백운담은 7곡 백운담이 된다. 벽의만과 백
운담의 시는 아래와 같다.

「벽의만」

六曲斗翁羣一灣(륙곡평의쉬일민) 여섯째 급 잔잔한 물굽이 푸르른데,

渾如江色映柴關(혼여강색영시관) 강의 빛이 목책에 비춰 아른거리네.

飛湍急瀑誠何事(비단급폭성하사) 나르는 여울과 떨어지는 폭포가 어떠한가,

不及澄泓自在閒(불급징홍자재한) 맑고 깊은 물이 저절로 한가롭기만 하구나.

「백운담」

七曲琳琅瀉作灘(칠곡림랑사작탄) 일곱째 굽 옥빛 물이 쏟아져 여울을 이
                              루니,

崩雲沸雪要人看(붕운비설요인간) 구름인 양 눈인 양 사람을 유혹하네.

仙凡雅俗何須問(선범아속하수문) 선계인가 속계인가 따져 무엇하겠는가,

只是當時徹骨寒(지시당시철골한) 이곳에선 찬 기운이 뼈에 사무치네.

– 5곡

「무이도가 제5곡」

五曲山高雲氣深(오곡산고운기심) 다섯째 굽의 은병봉이 높아 구름이 깊으니,

長時煙雨暗平林(장시연우암평림) 안개비에 어둑어둑한 수풀이 늘어서 있
                              구나.

林間有客無人識(림간유객무인식) 숲속 나그네는 알아보는 이가 없고,

欸乃聲中萬古心(애내성중만고심) 노 젓는 소리에 깊은 수심이 서려 있구나.

「곡운구곡도첩 제5곡 – 명옥뢰」

五曲溪聲宜夜深(오곡계성의야심) 다섯 굽 깊은 밤에 시냇물 소리 들리니,

鏘然玉佩響遙林(장연옥패향요림) 옥패를 흔드는 소리 빈 숲을 울리네.

松門步出霜厓靜(송문보출상애정) 솔 문을 나서 서리 언덕 고요히 걸으니,

圓月孤琴世外心(원월고금세외심) 둥근달 홀로 세상 밖 마음으로 거문고를
                              타네.

정약용에게 명옥뢰는 8곡에 해당한다. 그는 "명옥뢰鳴玉瀨는 와룡담의 물이 쏟
아져 내리는 곳이다. 반석이 넓게 깔리고 잔잔한 물결이 구렁으로 내달려 흰 옥과

눈이 함께 일어나고 바람과 우뢰가 서로 부딪혀 진동한다. 여울물로서는 극히 아름다운 경관이다."라고 평하며 아래와 같은 시를 남겼다.

「명옥뢰」
八曲盤陀側面開(팔곡반타측면개) 여덟재 굽 바위가 비스듬히 허물어져 있
　　　　　　　　　　　　　　 는데,
琮琤玉溜故縈洄(종쟁옥류고형회) 옥같이 영롱한 물소리가 돌아 흐르네.
勻天妙樂今如此(균천묘악금여차) 천상의 신묘한 음악 소리가 여기 있으니.
不恨從前度險來(불한종전도험래) 지금까지 온 험난한 길이 개탄스럽지 않네.

– 6곡
「무이도가 제6곡」
六曲蒼屏繞碧灣(육곡창병요벽만) 여섯 째 굽의 창병봉은 푸른 물굽이를 둘
　　　　　　　　　　　　　　 러싸고
茆茨終日掩柴關(묘자종일엄시관) 초가집의 사립문은 온종일 닫혀 있구나
客來倚棹巖花落(객래의도암화낙) 나그네가 삿대를 미니 꽃이 바위에 떨어
　　　　　　　　　　　　　　 지니
猿鳥不驚春意閑(원조부경춘의한) 원숭이와 새는 놀라지도 않고 봄볕 한가
　　　　　　　　　　　　　　 롭구나

「곡운구곡도첩 제6곡 – 와룡담」
六曲幽居枕綠灣(육곡유거침녹만) 여섯째 굽 푸른 물굽이 깊은 곳에 거하니
深潭千尺映松關(심담천척영송관) 천길 와룡담 그림자 소나무 문에 어리네
潛龍不管風雲事(잠용부관풍운사) 못 속에 잠긴 용은 세상사에 관여치 않으니
長臥波心自在閑(장와파심자재한) 물속에 드러누워 한가롭게 사는구나

　본래 6곡이었던 와룡담은 정약용의 경우 마지막에 해당하는 9곡이 된다. 그는 와룡담에 대해 다음과 같이 평하고 있다.

"와룡담 이상은 산의 풍경이 보잘것없고 물의 흐름도 약하며 뽕나무와 삼, 느릅나무와 버드나무의 그늘과 조밀한 수로나 가옥들이 이미 세속의 풍경들이다. 다만 당시에 이곳에 정자가 있어서 매양 멀리 나가 노닐 수 없는 노인들이 언제나 이곳에 와서 많이 머물렀다. 그리하여 와룡담 이상의 세 곡(曲)은 남우(濫竽)라 할 것이다. 주자(朱子)의 〈무이도가〉에 7곡과 8곡은 아름다운 경치가 없다고 한다. 그러나 7곡의 푸른 여울과 절벽 병풍, 8곡의 북을 단 누각과 기이한 바위는 그래도 취할 만하고, 9곡에 이르르는 '뽕과 삼이 비나 서리에 젖으면 또한 별천지의 풍경이다"

「와룡담」
九曲靈湫水湛然(구곡령추수담연) 아홉째 굽 신령한 못물이 맑기만 한데
桑麻墟里帶晴川(상마허리대청천) 뽕나무 삼밭에 맑은 시냇물이 마을을 둘렀네
老龍不省人間雨(노용부생인간우) 늙은 용은 비를 내려주는 걸 잊고
春睡猶濃養麥天(춘수유농양맥천) 보리가 익어감에도 봄 잠에 빠져드네

– 7곡
「무이도가 제7곡」
七曲移舟上碧灘(칠곡이주상벽탄) 일곱째 굽 배를 저어 푸른 여울에 타니
隱屏仙掌更回看(은병선장갱회간) 은병봉과 선장봉을 다시 돌아보네
却憐昨夜峰頭雨(각련작야봉두우) 지난밤 봉우리에 비가 내려 어여쁘니
添得飛泉幾道寒(첨득비천기도한) 나는 듯한 물줄기가 더욱더 차가워라

「곡운구곡도첩 제7곡 – 명월계」
七曲平潭連淺灘(칠곡평담연천탄) 일곱 굽 넓은 못은 얕고 세찬 여울로 이어지니
淸連堪向月中看(청연감향월중간) 맑은 물결에 비추는 달밤이 더더욱 좋다
山空夜靜無人度(산공야정무인도) 산은 비었고 밤은 고요해 건너는 이가 없으니
唯有長松倒影寒(유유장송도영한) 오로지 물속에 누운 소나무 그림자만 차갑게 비춘다

정약용의 구곡은 와룡담에서 끝나는데, 이는 김수증의 곡운구곡 중 후반부에 해당하는 곳이 앞과 비교하면 덜 하다는 그의 생각이 반영되었다. 그는 명월계를 제외한 이유를 다음과 같이 밝히고 있다. "명월계는 서원의 앞에 있다. 소나 말, 개나 돼지가 건너고 세속의 온갖 잡된 것이 뒤섞여 있어서 속스럽고 조용하지 않다. 게다가 큰 다리가 가로놓여 있어 물과 돌이 오염되어 있으니, 이곳도 구곡에 이름을 올릴 만하지 못하다."

- 8곡

「무이도가 제8곡」

八曲風煙勢欲開(팔곡풍연세욕개) 여덟재 굽의 안개가 바람에 흩어져 열리니,
鼓樓巖下水潆洄(고루암하수영회) 고루암 아래 물결이 굽이쳐 돌아가네.
莫言此處無佳景(막언차처무가경) 이곳에 아름다운 경치가 없다 하지 말지니,
自是遊人不上來(자시유인불상래) 사람들이 스스로 올라오지 않아서라오.

「곡운구곡도첩 제8곡 - 융의연」

八谷淸淵漠漠開(팔곡청연막막개) 여덟째 굽 맑은 못이 고요하고 쓸쓸하니,
時將雲影獨沿洄(시장운영독연회) 때마침 구름 그림자만 물을 따라 되돌아 흐른다.
眞源咫尺澄明別(진원지척징명별) 진짜 근원은 지척이라 맑고 분명하게 밝히니,
座見儵魚自往來(좌견숙어자왕래) 물속을 노니는 고기를 앉아 바라본다네.

정약용은 융의연을 제외한 이유를 다음과 같이 밝힌다. "융의연은 그 하류로 수백 보 거리에 있다. 위에는 화전火田이 있고 곁에는 보리밭이 있다. 기괴한 암석도 없고 그늘을 이룰 만한 나무도 없으니, 단지 시냇물이 못을 이룬 곳일 뿐이다. 무슨 이유로 구곡에 포함시켰는지 알 수 없다."

– 9곡

「무이도가 제9곡」

九曲將窮眼豁然(구곡장궁안활연) 아홉째 굽에 다다르니 눈앞이 탁 트이고,
桑麻雨露見平川(상마우로견평천) 이슬비 내린 뽕나무 삼밭에 늘어선 시냇
　　　　　　　　　　　　　　　　　물을 본다.
漁郞更覓桃源路(어낭경멱도원로) 어부는 다시 무릉도원 가는 길을 찾건만,
除是人間別有天(제시인간별유천) 이곳이야말로 인간 세상에 별천지가 아
　　　　　　　　　　　　　　　　　니던가.

「곡운구곡도첩 제9곡 – 첩석대」

九曲層巖更崭然(구곡층암갱참연) 아홉 번째 굽 층층 바위는 더욱 솟았으니
臺成重壁映淸川(대성중벽영청천) 첩첩이 쌓인 첩석대는 맑은 시냇물에 비
　　　　　　　　　　　　　　　　　춘다
飛湍暮與松風急(비단모여송풍급) 날아가는 급류는 급히 부는 솔바람과 어
　　　　　　　　　　　　　　　　　울리니
靈籟嘈嘈滿洞天(영뢰조조만통천) 신령한 퉁소 소리 하늘 아래 가득하네

　한편 정약용은 "첩석대는 서원의 서쪽 1리 거리에 있다. 물 가운데 바위 서너
개가 서 있는데 크기가 비석이나 탑만 하고 서너 겹 무늬가 있어 그 위에 앉을 수
없었다. 좌우로는 평평한 밭과 큰 길에 그늘을 이룰 만한 나무가 없다. 이곳은 은
자隱者를 수용할 만한 곳은 아닌 듯하다."라고 평하며 첩석대를 구곡에서 제외한
이유를 남겨두었다.

04

화천의 문화공간,
산과 나무를 따라가는 길

| 화천한옥학교 – 화천박물관 – 화천목재문화체험장 – 화
  천조경철천문대

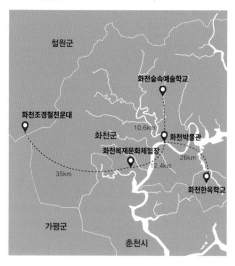

한옥건축의 배움터, 화천한옥학교
화천의 산촌문화와 역사를 읽는 곳, 화천박물관
화천의 소나무와 목재, 화천목재문화체험장
별과 하늘 저편의 북녘을 보는 곳, 화천조경철천문대

‘화천華川’ 하면 떠오르는 대표적인 자연생태는 바로 북한강이다. 그래서 북한강은 많은 사람에게 화천을 산천어와 수달의 고장으로 기억하게 한다. 하지만 물과 관련된 자연생태가 화천의 전부라고 속단해서는 안 된다. 깊고 맑은 물이 있다는 것은 곧 깨끗한 물이 있게 하는 좋은 산이 있음을 뜻하기 때문이다.

실제로 화천은 군 면적 919km² 중 86%가 산림으로 이루어져 있다. 지도를 놓고 보면 화천의 동쪽은 태백산맥이 남북으로 뻗어 있고, 서쪽 경계에는 광덕산과 백운산이 자리하고 있다. 게다가 해산, 광덕산, 화악산처럼 해발 1,000m가 넘는 높은 산들도 여럿 품고 있는 곳이 바로 화천이다. 이처럼 크고 깊은 산들이 자리하고 있기에 화천은 물이 풍부하고 거기에 깃든 생명도 많은 고장이다.

현대화된 삶 속에서 '자연생태'라는 표현은 인간과 자연의 삶이 각기 동떨어진 것으로 느끼게 한다. 하지만 자연은 줄곧 인간 삶의 터전이었다. 그것은 산업화와 도시화를 거친 지금에도 마찬가지다. 인간은 자신들이 발 디딘 곳의 자연생태 조건에 적응하고 또 한편으로 그것을 활용하며 삶을 이어왔다. 사람들은 그곳에서 의식주를 넘어선 다양한 문화 양식을 개발하기도 하였다. 마치 화천의 간판 산천어 축제처럼 말이다. 물론 그것이 화천의 전부는 아니다.

맑고 깊은 물을 만들어낸 화천의 깊은 산과 거기서 자란 나무들은 화천 사람들의 삶의 중요한 요소였다. 나무는 하늘에서 내리는 빗물을 땅속에 잡아두고 홍수와 가뭄을 막는 역할을 한다. 게다가 나무는 광합성을 해서 공기를 정화하고 우리의 집을 짓는 목재로 활용되기도 한다. 그렇기에 화천에는 산과 나무라는 자연환경과 연계된 문화공간들이 여럿 만들어졌다. 이런 공간은 화려하게 그 모습을 드러내고 있지는 않지만 잔잔하면서도 깊은 여운을 준다.

한옥건축의 배움터,
화천한옥학교

화천군에서는 화천의 산림 목재를 더욱 잘 보존, 활용하기 위해서 '산림목재문화클러스터'를 만들었다. 연구 등에 중점을 둔 화천군목재과학단지, 친환경적 생활환경을 연구하고 실험하는 산림탄소순환마을과 산촌생태마을, 동구래마을, 생태 체험공간인 삼림욕장, 산약초타운, 연꽃단지, 한옥학교 등이 이에 속한다.

이들 가운데 목재문화체험장은 나무를 만져보고 다뤄보고 싶은 사람들이 들러 체험하기에 좋은 곳이며, 화천한옥학교는 나무로 짓는 집, 한민족의 전통가옥인 한옥건축을 전문적으로 배우고 싶은 이들의 배움터다.

한옥건축이라는 특징 때문인지 몰라도 화천한옥학교는 주로 늦깎이 학생들이 수강생으로 입학하고 있다. 뒤늦게나마 자신의 꿈을 찾아서 나무를 배우고 한옥건축을 공부하러 온 사람들이 찾는 곳이다. 이곳에서는 수강생들에게 전통 한옥건축술만 가르치는 것은 아니다. 새로운 건축 소재와 기법을 활용한 한식 목공 기능 교육과 건축 설계 심화 과정 등도 교육하고 있다.

화천한옥학교

화천한옥학교 내부에서 밖을 내다보면 화천의 산들이 멀리서 다가온다.

현재 다섯 개의 특허를 보유하고 있는 화천한옥학교는 명실상부하게 국내 최고 한옥 아카데미를 자부하고 있다. 이곳의 교육과정은 6개월의 대목 과정, 4개월의 소목 과정으로 구분하여 운영되고 있다. 각 과정은 한옥 건축술을 분야별, 수준별, 단계별로 차별화하였다.

소목 과정은 전통 한식 기법으로 나무를 다뤄 한옥의 전통 창호나 가구를 제작할 수 있는 과정이다. 대목 과정의 경우는 기초과정 전반에 대한 이론과 실습을 모두 경험함으로써 과정생 스스로가 집을 설계하고 지을 수 있는 기술을 습득하는 프로그램으로 운영하고 있다.

수강 비용 중 200만 원이 국비로 지원되고 있어, 평생교육 시설의 역할도 하고 있다. 게다가 이곳은 화천의 방문객들을 위한 숙박 시설을 운영하며 한옥 체험 공간도 제공한다. 그래서 한옥 특유의 정취를 느끼고 싶은 방문객들이 많이 찾고 있다.

그런데 화천한옥학교가 처음 자리를 잡은 곳은 지금의 위치인 간동면 유촌리가 아니었고, 현재와 같은 이름도 아니었다. 학교는 '전통황토집 전수학교'라는 이름으로 처음 교육을 시작하였는데, 당시에는 화천읍 신읍리에 있던 폐교인 '신명분교'를 임대하여 학교를 열었다.

그러다 2006년 학교시설이 노후화되면서 지금의 위치인 용화산 가까이에 터를 잡고 이전을 결정하였다. 더 좋은 목재를 활용한 전문적인 교육기관으로 거듭나기 위한 결정이었다. 그리고 한옥학교가 떠난 자리에는 다른 이들이 들어와 자리를 잡았다. 바로 '시골마을 예술텃밭 뛰다'이다. 공연창작집단 '뛰다'는 2001년 창단했는데, 2010년 화천으로 자리를 옮겨 활발한 극단 활동과 예술 교육 활동 등을 진행하고 있다.

화천의 산촌문화와 역사를 읽는 곳,
화천박물관

한 지역이 가진 고유의 역사와 문화, 삶을 알리려면 그 지역의 박물관을 가야 한다. 화천에도 화천 고유의 역사와 문화를 알 수 있는 박물관이 있다. 바로 화천박물관이다. 이곳은 2006년 개관 당시에는 '화천민속박물관'이라는 이름으로 관람객을 맞았다. 그러다가 전시실 개편과 확충공사를 진행하면서 2017년 다시 개관해 이름을 '화천박물관'으로 바꾸었다.

하지만 바뀐 것은 명칭만이 아니다. 박물관의 전시구성 또한 대폭 바뀌었다. 화천의 산촌문화, 농법, 풍속 등의 민속 문화 중심에서 선사시대부터 일제강점기, 한국전쟁기, 전후 화천풍경 등의 역사적 내용을 더 풍성하게 보강하였다. 한반도 전체의 역사라는 시간성과 화천이라는 한정된 지역의 공간성을 동시에 이해할 수 있도록 해 한층 특색 있는 문화공간으로 거듭난 셈이다.

화천박물관은 그때 그 시대, 다른 곳도 아닌 바로 이곳, 화천에서 삶을 일구었던 사람들의 이야기를 보여준다. 지역 고유의 특색이 담긴 생활문화사는 지역 박물관이 아닌 다른 곳에서는 쉽게 볼 수 없다. 큰 역사적 흐름의 맥락과 지역 고유의 특색이 결합한 지역 박물관의 매력은 여기에 있다. 박물관을 재개관하면서 추후 보강한 근현대 역사 코너도 마찬가지다. 여기에서는 한국의 근현대사 그 자체가 아니라 화천이 겪어왔던 근현대를 세밀하게 이해할 수 있다.

박물관 내의 여러 전시실의 주요 테마는 화천의 문화풍속과 관련있다. '산촌', 즉 산으로 둘러싸인 화천의 자연생태는 이곳에 특유의 산촌문화와 풍속을 남겼다. 대표적인 산촌 생활방식으로 소개되는 것은 저릅집과 쌍겨리 농법이다.

저릅집은 산간 지역에 있던 전통 민가를 이르는 말이다. 대마大魔의 껍질을 벗겨낸 속대를 짚 대신 이엉으로 엮어 지붕으로 올린 집을 뜻한다. 특징은 초가집보다 겨울에 따뜻하고 여름에는 시원하다는 것이다. 저릅집을 만드는 데 쓰는 속이 빈 겨릅대가 단열재의 기능을 해주기 때문이다. 거기다 겨릅대로 만든 이 지붕은 물 빠짐도 좋고 건조가 잘 되어서 짚보다 수명이 더 길다.

그렇지만 초가집 대신 저릅집을 지은 것은 이런 장점 때문만은 아니다. 산간 지역에서 농사를 짓고 살던 화천의 옛사람들은 쉽게 말해 화전민이었다. 산동네에서 먹고 살아야 했으니, 이들이 논농사를 지을 수 없음은 당연한 일이었다. 이

화천박물관 내부

들은 벼를 심을 수가 없었기 때문에 짚 대신에 다른 것으로 지붕을 올려야만 했다. 그래서 짚 대신에 겨릅대나 나무껍질 등으로 지붕을 얹어 만든 저릅집을 만든 것이다.

쌍겨리 농법도 마찬가지다. 쌍겨리 농법은 산악지대라는 자연환경 때문에 개발된 농업기술이다. 쟁기를 어떻게, 몇 개씩 거느냐에 따라서 부르는 명칭이 다른데, 소 한 마리에 거는 것을 외겨리結犂 혹은 독겨리, 두 마리에 거는 것을 쌍겨리라고 한다.

땅이 평평하여 쉽게 흙을 팔 수 있는 곳은 일반적으로 외겨리로 경작을 한다. 그러나 산이 많은 강원도에서는 대부분 지역이 쌍겨리로 농경 생활을 할 수밖에 없었다. 산간 지역은 땅이 불규칙하고 경사져서 자칫하면 힘이 빠져 미끄러져 밑으로 구를 수도 있기 때문이다. 더구나 평야 지대보다 흙이 단단하거나 돌이 많아 경작하는 데 힘이 들었다. 그러니 당연히 비탈진 경작지를 갈기 위해서는 소 두 마리가 서로 의지해 끌고 나갈 수 있는 쌍겨리가 더 안정적이었다.

시대가 변하고 산업이 발달하면서 화천의 산촌풍속은 역사가 되었다. 사람 사는 모습은 달라져 박물관의 전시실로 들어가 버리고 말았지만, 그들이 주어진 환경 속에서 만든 삶의 자취는 여전히 남아 역사가 되어 흐르고 있다.

화천의 소나무와 목재,
화천목재문화체험장

화천의 로컬리티에는 산촌문화만 있는 것이 아니다. 흔히들 화천은 물이 많은 곳이라고 한다. 하지만 화천에 물이 많은 것은 나무가 무성한 산이 있기 때문이다. 그렇기에 화천을 대표하는 것 중의 하나가 나무다. 화천은 예부터 산림이 좋

멀리 보이는 화천목재문화체험장

화천목재문화체험장

아 나무로 유명한 고장이기도 했다.

조선 시대의 기록물인 『신증동국여지승람新增東國輿地勝覽』은 화천의 상서면 다목리와 비수구미에 있는 황장봉산에 대해 기록하고 있다. 황장목黃腸木은 소나무가 오래되어 줄기의 속이 성숙해지면 붉은색을 띠게 되어 재질이 크게 향상된 것을 말한다. 소나무의 속인 심재부心材部가 붉으면 전부 황장목으로 분류된다.

황장목은 금강송으로 불리기도 한다. 하지만 황장목이라고 해서 모두 소나무 중에 으뜸이라고 하는 금강송은 아니다. 금강송 외에도 심재부가 붉은 소나무에는 적송이 있기 때문이다. 황장목의 경우는 임금의 관과 왕실을 짓는 데 사용하였기 때문에 따로 분류되어 관리되었다.

화천 다목리와 비수구미에 있는 황장봉산은 바로 이 황장목을 함부로 벌목하지 못하게 지정하였던 공간을 의미한다. 사실 소나무는 아주 좋은 건축 재료라고 보기는 어렵다. 하지만 황장목의 경우에는 천천히 자라 나이테가 매우 촘촘하여 비틀림 없이 단단하기 때문에 궁궐의 기둥으로 자주 사용되었다.

지금도 화천은 질 좋은 나무가 생산되고 있다. 그래서 화천에서는 좋은 나무가 울창한 산림생태를 산에서 직접 만나볼 수 있다. 하지만 나무와 인간의 삶이 얼마나 밀접하게 연결되어 있는지 느끼고 싶다면 목재 문화체험장을 찾아가 보는 것도 좋을 듯싶다.

화천목재문화체험장은 이곳을 찾은 사람들이 화천의 질 좋은 목재를 가공하는 여러 활동을 할 수 있도록 만든 곳이다. 2013년 숙박 시설인 주택체험장부터 시작한 이곳은 2014년 교육관을 열었다. 이곳의 모든 시설은 친환경 목재로 만들었다는 것이 특징이다. 거기다 화천군의 전폭적인 지원으로, 입장료도 따로 없이 재료비 정도만 내면 참여할 수 있어서 부담이 없다는 장점도 있다.

체험관에 들어서면 입구부터 싱그러운 풀 내음이 코끝에 닿는다. 그리고 몇 걸음을 더 옮겨 입구를 지나 교육관으로 들어서면 이번에는 목재의 깊은 향이 맡아진다. 초록의 싱그러움과 목재의 깊은 향은 서로 다르다. 싱그러움이 풋풋한 느낌을 전한다면, 목재의 향은 깊은 정취를 준다. 서로 매우 달라 보이는 이 둘은 자연스레 어울려 방문자에게 편안하고 신선한 느낌을 준다.

목재 체험장의 1층은 목재를 직접 가공하거나 조립할 수 있는 곳이다. 2층은 아이들과 함께 방문한 가족들에게 추천할만한 곳인데 목재 블록 쌓기, 도미노게임, 칠교놀이 등 목재를 이용한 다양한 놀이 체험이 가능하다. 이곳은 생활 목공 기술을 배우려는 사람들을 위한 목공 수공반이나 직장인이나 다른 지역 주민들을 위한 주말 목공수강프로그램도 운영하고 있다.

별과 하늘 저편의 북녘을 보는 곳,
화천조경철천문대

산이 깊으면 어둠도 깊다. 도시에서는 별을 쉽게 볼 수 없다. 밤이 너무 밝기 때문이다. 그래서 천문대 대부분은 깊은 산 중에 있다. 해발 1,000m가 넘는 화천의 여러 산 중에서 서쪽 경계에 있는 산이 광덕산廣德山이다. 광덕산은 화천군 사내면과 철원군의 서면, 포천시 이동면에 걸쳐 있는 산으로, 산세가 웅장하여 큰 덕德을 품은 것 같다는 뜻으로 광덕이라고 이름 붙여진 곳이다.

여름철 휴가지로 이름난 광덕계곡을 지나서 산 정상까지 이어지는 길을 따라 한참을 올라가면 조경철천문대를 만날 수 있다. 조경철천문대는 서울에서 한 시간 정도 거리에 있고 대중교통편으로도 방문이 가능한 곳이다. 게다가 국내에 있는 시민천문대 중에서 가장 높은 해발 1,010m에 있는 것도 큰 자랑거리다. 구경口徑 1m의 대형 망원경이 갖춰져 있고, 날씨가 맑은 청정일 수가 연간 150일 이상이나 되어서 관측환경도 매우 좋다.

다만 천체관측은 날씨와 절기에 의해 좌우되기 때문에 때와 시를 잘 맞춰 방문해야 한다. 조경철천문대에는 총 세 개의 관측실이 있다. 그 중, 제2관측실은 다목적연구 활동 지원 공간이라 일반관람이 제한되어 있고, 나머지 두 곳은 방문객 관람이 가능하다.

제1관측실은 일반 관람과 심층 관람이 가능하고, 제3관측실은 실습용 망원경이 여러 개 있는 관측실습장이다. 관측실 외에도 천문정보와 체험전시가 마련된 전시실과 천체의 움직임을 볼 수 있는 플라네타륨(planetarium)이 있어서 다양한 관람 체험이 가능하다.

무엇보다 이곳은 망원경 실습 과정이나 천체사진 강좌, 심야 관측, 집중 관측 등 다채로운 천체관측 프로그램이 마련되어 있다는 점에서 별 마니아들에게 매

력적인 천문대로 소문나 있다. 좋은 자연지리 환경을 활용해서 최적의 문화체험 공간을 마련한 것이다. 하지만 조경철천문대가 자리한 광덕산 정상은 천체관측 환경만 좋은 것은 아니다.

광덕산 정상은 고도가 높고 동서남북으로 시야가 트여있어 낮에 보이는 풍광 도 일품이다. 휴전선까지는 약 20km 정도의 거리인 이곳에서는 맑은 날이면 저 멀리 북녘땅이 보인다. 바로 이런 북녘을 볼 수 있는 자연 환경적 특징 때문에 이 곳 천문대의 이름은 '화천조경철천문대'가 되었다.

국내 천문학자로 이름난 조경철 박사는 이곳의 건설과정을 남다른 애정으로 지켜보았다. 그가 해방 후 남쪽으로 홀로 내려온 실향민이었기 때문이다. 조경철 박사는 이곳 천문대에서 연구와 저술 활동을 하며 남은 생을 마감하길 원하였다 고 한다.

하지만 북녘땅 너머로 보이는 어디쯤에서 자신의 고향도 보이지 않을까 기대 하던 그의 소망은 끝내 이루어지지 못했다. 조경철 박사는 2010년 타계했고, 이

곳 천문대는 2014년 10월에야 문을 열었다. 그래서 그는 천문대가 문을 여는 것을 보지 못하였다. 하지만 이곳은 생전 조경철 박사의 뜻을 기리기 위해 '조경철천문대'라는 이름을 걸고 문을 열었다. 그래서 조경철천문대라는 이름에는 분단의 아픔이 서려 있다.

천문대에서 휴전선 너머 북녘땅을 관측하는 전망대는 없다. 하지만 그보다 더 먼 우주의 천체를 관측하는 것은 누구나 가능하다. 오늘날 우리는 지구보다 더 먼 우주를, 심지어 태양계의 끝자락까지 우주선을 보낸다. 하지만 우리는 정작 바로 가까이 있는 북녘땅을 쉽사리 갈 수 없다. 그것이 바로 분단의 현실인지도 모른다.

한옥의 지붕

한옥식 건축양식은 현대식 양식과 다른 특징이 있는데, 그중 하나가 바로 지붕의 모양이다. 한옥에 쓰이는 대표적인 지붕 모양은 다음의 세 가지다.

1) 팔작지붕

팔작지붕은 중요한 건물, 즉 격식이나 위상을 높여야 하는 건물에 올리는 한옥 지붕의 한 형태다. 팔작지붕이라는 이름은 하늘에서 내려다보면 지붕이 팔八자 모양이라서 붙여진 것이다. 팔작지붕은 당당하면서도 우아한 선을 보여주는데, 윗부분과 아랫부분이 만나는 곳에 있는 삼각형 모양의 합각벽의 꾸밈새가 매우 독특하다. 팔작지붕은 궁궐, 사찰, 향교, 대갓집 등에 널리 쓰였으며, 특히 문화재로 남은 한옥 건축물 중에 이 지붕 형태가 많아 일반적으로 한옥의 지붕을 떠올릴 때 팔작지붕을 생각하는 경향이 있다.

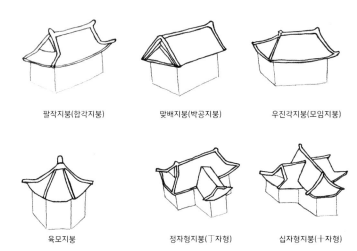

팔작지붕(합각지붕)   맞배지붕(박공지붕)   우진각지붕(모임지붕)

육모지붕   정자형지붕(丁자형)   십자형지붕(十자형)

—
한옥의 지붕의 종류들

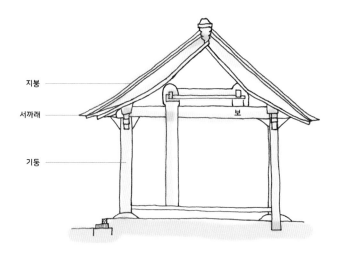

지붕

서까래

기둥

보

—
한옥의 구조

2) 맞배지붕

맞배지붕은 책을 펼쳐 엎어둔 것 같은 구조를 가진 지붕으로 중후한 무게감이 있어 보인다. 맞배지붕의 핵심은 ∧자 곡선을 따라 덧댄 박공인데, 이것은 지붕 안쪽을 보호하는 역할을 한다. 사당 건물의 경우에는 맞배지붕 형식을 취하더라도 박공 대신에 넓고 붉은 풍판을 댄다. 이는 나쁜 기운을 막고 신성함을 강조하기 위함이다. 맞배지붕은 대문에도 많이 쓰였는데, 이를 겹쳐서 올리는 예도 있었다. 이 경우에는 솟을지붕이라 부르며, 집의 권위를 부각하기 위해 이렇게 만들기도 하였다.

3) 우진각지붕

우진각지붕은 측면에 지붕면을 두어 사다리꼴을 한 형태다. 우진각지붕은 미적 꾸밈보다는 실용성을 살린 지붕인데, 측면까지 처마가 나오는 형태라 맞배지붕보다 눈이나 비를 더 잘 막는다는 특징을 지닌다. 또한 이 지붕은 공법도 복잡하지 않아 실용성이 더욱 우수하다. 그런 이유로 우진각지붕은 초가집이나 기와집을 가리지 않고 일반 살림집에서 널리 사용되었다. 이 지붕은 여러 채로 구성된 한옥이나 민가의 안채, 향교의 동재와 서재 등에 두루 사용되었고 궁궐문 중에서도 우진각지붕을 쓴 경우도 더러 있다.

05

치유의 숲,
비수구미

| 해산터널 – 비수구미 – 에코스쿨 생태체험장

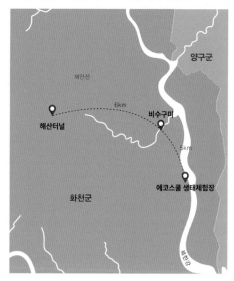

해와 달이 만나는 곳, 해산터널
비수구미로 가는 길
역사가 만든 오지, 비수구미
미적 체험공간, 에코스쿨 생태체험장
정성으로 보존한 생명, 광릉요강꽃

_____ DMZ는 바쁜 일상을 살아가는 도시인들에게는 호기심의 대상이다. 그곳은 북과의 접경지역으로 분단의 현실을 직접 만날 수 있는 곳이자, 한편으로 사람들의 발길이 오래 닿지 않아 천연의 자연생태를 만날 수 있는 곳으로 그려진다.

_____ 하지만 DMZ 접경지역의 많은 곳은 사람들이 상상하는 것처럼 그렇게 순수한 형태의 자연으로 존재하지 않는다. 오랜 세월의 흔적들이 뒤섞여 있는 이곳은 사람과 자연이 함께 생명을 보듬고 더불어 살아가고 있다. 어느 것도 외따로 존재할 수 없으며, 홀로 태어나 살아가는 것은 없다. '자연원시림'이라고 알려진 화천의 비수구미祕水九美 역시 그런 곳이다. 비수구미 마을의 탄생도, 이곳이 지나온 시간도, 그리고 현재의 모습도 오롯이 자연적이기만 한 것은 아니다. 그런데도 이곳을 걷는 시간이 주는 특별함이 있다면, 그것은 어디서 오는 것일까.

해와 달이 만나는 곳,
해산터널

화천에는 해발 1,000m가 넘는 산들이 여럿 있다. 그중에서도 해산은 해발 1,194m로 화천에서 가장 높은 산이다. 화천의 사람들은 이 산이 화천에서 가장 먼저 해를 만나는 산이라 하여 '해산'이라고 불렀다. '일산日山'이라는 한자어보다 이곳 사람들은 해산이라는 우리말을 더 선호하였고 그런 이유로 정식 이름도 해산이 되었다고 한다. 하늘과 가까워 해도 달도 가장 먼저 만난다는 이 산은 이따금 호랑이가 출몰하던 깊고 험준한 산이었다. 포장도로가 난 지금도 해산을 넘나드는 일은 전혀 쉽지 않다.

해산령으로 가는 길은 어느 쪽에서 가든 굽이굽이 꺾어지는 산길을 한참이나 지나야만 한다. 꼬부랑 길의 꼭대기, 해산령에 서 있는 '아흔아홉 구빗길'이라는 표지판은 거짓말이 아님을 실감한다. 그 길을 지나면 '해산터널'을 만난다. 해산터널은 1986년 서울 아시안게임을 기념하기 위해 1986년에 준공된 길이 1,986m의 터널이다.

화천읍에서부터 북한강을 따라가는 길을 타고 해산을 올라가면 이 터널을 만난다. 터널을 지나 해산령에 이르면 평화의 댐 쪽으로 내려가는 굽이진 길이 나온다. 긴 터널을 빠져나오면 곧바로 왼쪽에는 소담한 쉼터 하나가 있다. 어떤 이들은 이곳에서 험악한 꼬부랑 고갯길을 지나느라 힘든 심신을 잠시 달래기도 하고, 어떤 이들은 이곳에서 출발하는 트래킹을 위해 들르기도 한다. 이들은 쉼터의 길 건너편에서 시작하는 트래킹, 바로 비수구미로 가는 산길 여행자들이다.

비수구미로 가는 길

비수구미, 혹은 비수구미 계곡은 몇 년 전 한 TV 프로그램에 방영되면서 현재는 많은 사람이 찾는 곳이 되었다. 비수구미는 휴대전화도 터지지 않는 '오지마을'로 알려져 있는데, 이 마을로 가는 방법은 모두 세 가지다.

첫 번째는 평화의 댐 쪽에서 내려가는 방법이다. 평화의 댐에서 해산령을 향해 길을 따라 내려오다 보면 갈림길이 하나 보인다. 이 갈림길로 들어서면 곧 파로호가 나타나고 호수를 두르며 이어지는 비포장도로가 나 있다. 이 비포장도로를 따라 2km를 지나면 선착장이 하나 나온다. 선착장 인근에 차를 세우면 산길을 따라 마을로 들어가는 길이 나타난다. 이것이 비수구미로 가는 첫 번째 방법이다. 산길을 지나 15분에서 20분 정도를 걸으면 주황색 출렁다리가 보이기 시작한다. 이 다리를 지나면 비수구미 마을이다.

두 번째 방법은 선착장에서 배를 타고 들어가는 것이다. 배를 이용하려면 마을 민박집에 미리 연락해두어야 한다. 배를 타면 파로호를 가로지르며 가는 재미

파로호를 건너 마을로 들어가는 다리

가 있을 뿐 아니라 다른 두 길에 비해 상당히 빠른 속도로 마을에 들어갈 수 있다는 장점이 있다.

비수구미로 가는 마지막 방법은 바로 해산터널에서 시작하는 트래킹 코스를 따라가는 것이다. 해산령에서 비수구미 마을까지 숲길을 따라 내려가는 이 길은 약 6km로, 대략 두 시간에서 두 시간 반 정도 걸어 내려가면 마을에 닿을 수 있다. 이 트래킹 코스는 비수구미로 가는 세 가지 방법 중에서도 가장 많은 시간과 노력을 들여야 하는 길이지만, 한적하면서도 깊은 숲길이 주는 특유의 매력 때문에 비수구미를 찾는 사람들은 세 번째 방법을 가장 많이 선택한다.

도보여행의 시작은 해산령에 서 있는 철문 안내판을 지나면서부터다. 철문을 지나 얼마 지나지 않았을 때부터 벌써 휴대전화의 전파가 잡히지 않는다는 것을 알 수 있다. 비수구미길이 트래킹을 하는 사람들이 많이 찾는 장소가 되었다고는 하나, 아직 관광명소처럼 산을 오르고 내리는 사람들로 북적이지는 않는다. 그러니 두 시간을 넘게 걷는 동안 마주치는 사람은 열 명 안팎이 고작이다. 마을까지 내려가는 길은 그렇게 휴대전화도 잘 터지지 않고 만나는 사람도 별로 없는 고적한 코스다. 이 길의 매력은 여기에 있다. 고요하긴 하지만 전혀 쓸쓸하지는 않다. 돌길을 저벅대는 나의 발걸음 소리, 길섶에서 들려오는 계곡물 소리가 간간이 지저귀는 새소리와 함께 산행의 즐거움을 더해주기 때문이다.

계곡물은 길의 양쪽에서 흐르는데 작고 좁은 계곡물과 더 깊고 큰 계곡의 물줄기가 바위와 나무들을 가로지르며 흐르는 소리가

비수구미 산길의 소나무

비수구미의 청정한 계곡

바람 소리와 어울려 색다른 정취를 불러일으킨다. 고요한 듯 고요하지 않은 자연의 소리는 소란한 도시의 일상을 잠시 잊게 한다. 내려가는 길의 풍경은 전혀 화려하지 않다. 다채로운 변화를 거듭하며 시선을 사로잡는 것도 아니다. 그렇다고 걸음걸음이 지루한 것도 아니다. 경사진 길을 걷다 보면 자연스럽게 내 발걸음에 집중하게 되고. 그렇게 조용히 길을 걷다 보면 어느새 산속 깊이 들어와 있는 나를 발견하게 된다.

역사가 만든 오지,
비수구미

사람들의 발길이 드문 오지로 이름난 비수구미 마을의 역사는 우리가 지나온 근현대의 시간과 뒤엉켜있다. 1944년 5월 일제는 화천댐을 만들었다. 그리고 화천댐이 만들어지면서 지금의 파로호가 만들어졌다. 비수구미는 파로호가 만들어지면서 오지가 되었다. 주변 마을들이 파로호에 수몰되면서 비수구미로 오가는 길이 물과 산에 막히게 된 것이다.

1953년 한국전쟁은 '휴전'을 맺었다. 삶의 터전을 잃어버린 이들에게는 새로운 삶을 살아갈 수 있는 정착지가 필요하였다. 그들 중 일부가 이곳 비수구미에 온 것이다. '육지 속 섬마을'이 된 험준한 산골에서 이들이 살기 위해 택한 것은 화전火田이었다. 그렇게 산속에 땅을 일구고 마을을 꾸리자 하나둘 사람들이 모이면서 한때 100가구가 이곳에 살기도 했다. 하지만 대중교통조차 없는 산골 마을에서 살아가기는 쉽지 않은 일이었다. 결국, 오지나 다름없는 이곳을 1970년대부터 다시 하나둘 떠나 도시로 나가기 시작했다. 그리고 지금 마을에는 세 가구만이 남아 있다.

'비수구미'라는 마을 이름의 유래는 마을 뒷산 바위에 새겨진 '비소구미 금산

파로호 저멀리 화천댐 수문이 보인다.

동표非所古未 禁山東標'에서 왔다는 말도 있고 '신비한 물이 만든 아홉 가지 아름다움秘水九美'에서 왔다는 설도 있다. 금산동표는 조선 시대에 궁에서 쓸 소나무 확보를 위해서 무단 벌목을 금지한 표지이다. 소나무가 좋은 지역에는 어디나 이와 같은 표지들이 있었다.

소나무 관리 지역이 된 이런 장소들은 비수구미처럼 금산동표가 있는 곳도 있지만 '황장봉산黃腸封山'으로 지정되어 황장금표黃腸禁標가 있는 곳도 있다. 이에 따라 황장봉산으로 지정된 산의 목재는 개인이 사용할 수 없었으며 모두 국가 용도로만 사용되었다. 이곳의 목재들은 왕실의 관을 짜는 데 쓰기도 하고, 궁을 짓는 데 쓰기도 하였다. 또한, 신하의 장례에 작관용作棺用으로 쓰라고 황장재를 내려준 사례가 많았다.

조선 시대 기록물인 『속대전續大典』에 의하면 영조 22년인 1746년에는 황장봉산이 경상도에 일곱 곳, 전라도에 세 곳, 강원도에 스물두 곳으로 되어있었다. 이후 기록에 따르면 황장봉산으로 지정된 곳이 증가하는 것으로 나와 있다. 여기서 '황장'이라는 것은 소나무가 오래되어 줄기의 속이 성숙해지며 붉은색을 띠게 되는 것을 뜻한다. 소나무가 이렇게 변하게 되면 나무의 재질이 크게 향상되는데, 균에 대한 저항력이 강해지고 목재를 이용할 때 훨씬 좋은 성질로 개선된다고 한다. 물론 시각적으로도 더 아름다워지므로 자연히 궁에서 황장이 된 소나무 사용을 선호하게 된 것이다. 소나무 중 으뜸인 금강송도 바로 이 황장에 속한다. 하지만 모든 황장목이 금강송은 아니다.

이곳 비수구미에 대한 기록은 또 다른 조선 시대의 기록인 『신증동국여지승람新增東國輿地勝覽』에 있다. 화천의 상서면 다목리와 비수구미에 있는 황장봉산에 관한 기술이 이 책에 기록되어 있다. 지금도 비수구미길을 따라 걷다가 보면 문득문득 눈에 띄는 붉은 소나무들이 눈에 들어온다. 목재의 재질을 알아보는 전문적인 안목이 없다 하더라도, 푸른 숲 사이로 보이는 붉은 소나무의 자태는 자못 비범해 보인다.

화천 수력발전소

곳곳에서 보이는 소나무들 사이로 불어오는 바람 소리를 들으며, 그리고 솔향기를 맡으며 걸음을 계속 옮기다 보면 물길이 조금씩 달라지고 있다는 것을 알아차린다. 그리고 이제 꽤 평탄하고 널찍한 길이 보이기 시작한다. 철문에서부터 하산을 시작한 지 대략 두 시간 정도 지난 시점이다. 그러면 곧 비수구미 마을에 들어서게 된다. 지금까지 마을에 남아 생활하고 있는 세 가구는 모두 민박집을 운영하고 있다. 이들은 민박집과 더불어 각각 카페, 산나물비빔밥, 닭볶음탕을 판매하는 가게도 운영하고 있다.

미적 체험공간,
에코스쿨 생태체험장

한편 화천에는 폐교가 된 옛 분교들이 새 단장을 하고 다른 용도로 쓰이고 있는 곳들이 많은데, 이곳 비수구미 마을의 수동분교도 그중 하나다. 폐교된 수동분교는 현재 에코스쿨 생태체험장으로 운영되고 있다. 비수구미 생태길을 트래킹한 이들이 하루를 묵는 장소로 이곳 생태체험장을 선택하기도 한다. 이곳에는 지렁이사육장과 생태습지, 무논 습지 등의 생태체험장이 조성되어 있고, 야영장과 산책로, 편의시설 등이 꾸려져 있어 캠핑이 가능하기 때문이다. 행정구역상 동촌2리에 해당하는 이곳은 비수구미 마을에서도 4km를 더 걸어서 들어가야 한다. 산길을 벗어나 비수구미 마을로 들어서면, 잠시 잡혔던 휴대전화 신호도 다시 제대로 잡히지 않게 된다.

파로호가 보이는 야트막한 언덕에 자리 잡은 이곳은 옛 수동분교 길도 걸어볼수 있게 만들어져 있다. 화천의 분교들은 접경지역의 삶이 어떻게 달라지고 있는가를 새삼 느끼게 하는 곳이다. 신읍리 옛 신명분교는 공연창작집단 '뛰다'가 입주해 '예술텃밭'을 가꾸고 있고, 신대리 옛 신풍초교는 마을의 자연학교로 조성되어 농촌체험 관광객을 위한 체험 숙박공간으로 거듭났다. 명월리의 옛 명월분교는 2012년 '나봄명상예술학교'로, 간동면 옛 간척분교는 '화천 현장귀농학교'로 활용되면서 지역의 새로운 문화생활 공간으로 거듭나고 있다.

사람들이 마을을 떠나면서 진학할 아이들이 없어지자 분교들조차 결국 문을 닫고 말았다. 사람이 없는 곳에서 역사는 단절되고 기존의 공간은 폐허가 된다. 그렇게 골칫덩이로 남은 폐교는 그곳에 남아 살아가는 이들에게는 쓸모없고 치워버리고 싶은 짐처럼 느껴졌을지도 모를 일이다. 그러나 이처럼 화천의 폐교들은 자연과 인간의 삶을 호흡하고 느끼는 예술가들에 의해 문화생태체험공간으로 새롭게 태어나기 시작하였다.

정성으로 보존한 생명,
광릉요강꽃

비수구미 마을을 품고 있는 해산 일대에는 산삼과 송이버섯이 많이 자란다. 2009년에는 이곳에서 약 80년 묵은 산삼이 발견되었는데, 그 무게는 보통 산삼한 뿌리 무게의 열 배인 187.50g이었다고 한다. 이처럼 다종다양한 동식물들이 비수구미 인근에서 자라고 있다. 그리고 이들 중에는 천연기념물 제330호인 수달과 천연기념물 제217호인 산양도 있다. 이 둘은 모두 멸종위기 I 급에 분류될 만큼 개체 수가 줄어들고 있는 보호종들이다. 멸종위기 동물들의 몇 안 되는 삶의 터전이 바로 이곳 비수구미와 해산이다.

'자연 원시림'이라는 수식어는 비수구미를 칭하는 말 중에 하나다. 하지만 원시림이라는 표현은 인간의 손이 닿은 적이 없는 산림을 이르는 말이기 때문에, 원칙적으로 이곳 비수구미에는 적합한 표현이 아니다. 깊은 산중이니 희귀식물이나 야생화, 야생동물들에게 중요한 삶의 터전이기는 하지만, 사람 손이 타지 않은 곳은 아니기 때문이다. 이곳은 조선 시대에는 소나무 벌목을 위해 관리되던 곳이기도 했고, 전쟁 후에는 화전을 일구며 사람들이 살아가던 곳이었다.

비수구미에서 살아가고 있는 '광릉요강꽃'의 존재 역시 이곳이 사람과 자연이 함께 살아가고 있는 곳임을 말해주고 있다. 광릉요강꽃은 멸종위기 I 급 식물로, 깊은 산속이나 구릉의 나무 아래, 또는 대나무 숲속 등에서 자라는 희귀종이다. 꽃의 좌우에는 부채를 펼친 것처럼 두 개의 잎이 활짝 펼쳐지는 것이 특징인데, 복주머니 모양의 자주색 꽃은 야생란 중에서도 가장 크고 아름답다는 평을 받는다.

비수구미가 오지의 생태 공간이기 때문에 이 꽃이 이곳에서 자라고 있다고 생각하기 쉽겠지만, 사실은 그렇지 않다. 광릉요강꽃이 이곳에서 성장할 수 있었던 데는 사연이 있다. 무려 30년 동안 노력을 기울인 이가 있었기에 가능하였던 일

—
광릉요강꽃(ⓒ 국립생물자원관)

이다. 바로 마을 주민인 장윤일 씨다. 1989년 평화의 댐 1단계 공사가 끝날 무렵 공사 진입로 현장에서 장윤일 씨는 우연하게도 이 꽃을 발견하였다. 그는 이 꽃을 가져와 집 주변에서 심었고 정성스럽게 가꾸었다. 그렇지만 결코 쉬운 일이 아니었다. 아주 예민해서 옮겨 심으면 죽기 십상인 광릉요강꽃이 마침내 그의 정성 탓이었는지 조금씩 자라나기 시작하였다. 현재는 약 900개체의 군락지를 이루게 되었다.

30년 정성에 보답하듯 비수구미에 자리를 잡은 광릉요강꽃의 존재는 도시인들의 머릿속에 각인된 'DMZ'가 아니라 '삶의 터전으로서 DMZ'라는 공간의 현재성을 보여준다. 이곳에서 인간과 자연은 일방적으로도, 대립적으로도 존재하지 않는다. 이들은 서로 주고받으며 함께 살아가고 있다. 그리고 그 주고받음은 서로의 생명력을 나누고 상호 호흡하는 과정을 통해 더욱 단단해진다. 치유라는 것은 하나의 존재가 가진 생명력을 회복하고 활성화하는 힘을 기르는 일이다. 그런 의미에서 비수구미는 자연 원시림이라기보다 '치유의 숲'이라고 불러야 할 것이다.

광릉요강꽃과 멸종위기 야생생물

비수구미에 터를 잡은 광릉요강꽃은 멸종위기 Ⅰ급 식물에 속한다. 한반도에 서식하는 생물 중에서도 멸종위기 야생생물은 '보호'를 핵심 목표로 하여 환경부에서 지정 보호하는 생물들을 뜻한다. 멸종위기종 보호는 단순히 법률적으로 금지 및 의무사항만으로 진행되는 것이 아니라, 보호종의 생존을 위해 서식지 보전, 보호 대책 수립, 조사 및 연구, 서식지 외 보전기관 지정, 복원사업 추진 등 다양한 국가적 노력을 통해 진행된다.

멸종위기 야생생물로 지정된 생물들은 자연적 또는 인위적인 요인으로 인해 개체 수가 과도하게 감소하거나 소수 만이 남아 있어 절멸 위기에 처한 존재들이다. 이들은 현재 Ⅰ급과 Ⅱ급으로 나누어 지정 관리 중이다. 이 중, 멸종위기 Ⅰ급에 해당하는 야생생물에는 2017년 12월 기준 환경부령으로 60종이 지정되어 있다. 포유류, 조류, 양서·파충류, 어류, 곤충류, 무척추동물, 식물로 분류되는데, 이 중 식물은 광릉요강꽃을 포함해서 아래의 11가지 종이 속한다.

번호	종명	
01	광릉요강꽃	*Cypripedium japonicum*
02	금자란	*Gastrochilus fuscopunctatus*
03	나도풍란	*Sedirea japonica*
04	만년콩	*Euchresta japonica*
05	비자란	*Thrixspermum japonicum*
06	암매	*Diapensia lapponica var. obovata*
07	죽백란	*Cymbidium lancifolium*
08	털복주머니란	*Cypripedium guttatum*

번호	종명	
09	풍란	*Neofinetia falcata*
10	한라솜다리	*Leontopodium hallaisanense*
11	한란	*Cymbidium kanran*

DMZ 권역에는 다양한 보호종이 살고 있으며, 광릉요강꽃과 같은 육상식물군으로 분류되는 식물들이 다수 서식한다. 그러나 그중에서도 멸종위기 Ⅰ급에 해당하는 종은 광릉요강꽃이 유일하다.

06

붕어섬에서 파로호까지, 북한강 물고기 이야기

| 붕어섬 – 산천어축제장 – 화천 토속어류생태체험관 –
화천 꺼먹다리 – 화천수력발전소 – 파로호 – 한국수달
연구센터

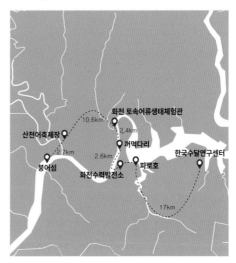

하천 레포츠의 명소가 된 언덕, 붕어섬
천억 축제, 산천어축제장
경제 논리를 넘어서, 토속어류생태체험관
격동의 근현대사를 지나서, 꺼먹다리와 화천수력발전소
온 생명을 꿈꾸다, 한국수달연구센터

_____ 2004년 10월, 화천은 DMZ 접경지대의 회색을 벗고 꽃華과 내川의 고장으로의 회복을 선언하였다. 화려하게 물들고 우뚝 솟은 용화산龍華山과 그 앞으로 흐르는 북한강의 맑고 투명한 물줄기를 따라 '에코-파라다이스(Eco-Paradise)', 생태낙원 화천으로의 탈바꿈을 시작한 것이다. 그 후 붕어섬에서 한국수달연구센터까지 북한강 거슬러 곳곳에 화천의 새로운 모습들이 빼곡하다.

하천 레포츠의 명소가 된 언덕,
붕어섬

붕어섬은 춘천에서 화천으로 올라가는 남서쪽 초입에 있다. 화천을 찾는 사람들을 가장 먼저 맞이하는 화천의 명물 붕어섬은, 1960년대만 해도 늪지에 있던 약간 높은 언덕이었다. 당연히 이름도 없었다. 그런데 1965년 춘천댐이 완공되자 늪지에 물이 차올랐다. 이름 없던 언덕은 섬 주변의 늪지에는 참붕어가 모이기 시작했다. 참붕어가 많아지자 자연스레 낚시꾼들의 발길이 잦아졌다. 낚시꾼들이 모이자 섬은 유명해졌고, 붕어섬은 휴양지로 탈바꿈하기 시작하였다. 1997년부터 시작된 일이다.

애초에 북한강 상류인 화천강은 물이 맑고 폭이 넓은데다 곁에 병풍처럼 산자락이 늘어서 있어 풍광이 더없이 훌륭하다. 초창기 팬이라 할 수 있는 낚시꾼을 위한 낚시터는 당연하고, 여기에 더해 붕어섬 안에는 축구장, 족구장, 테니스장, 배구장, 풋살장 등 운동시설과 공연시설, 화장실과 급수시설까지 갖추었다. 그뿐인가. 분수가 있는 실개울과 붕어섬을 한 바퀴 도는 수변 산책로도 마련되어 있다. 붕어섬의 인기는 자연스레 높아졌고, 이제는 화천군민들뿐 아니라 저 멀리서 가족 단위로 놀러 오는 사람들까지 많아졌다.

붕어섬에서는 운동도 할 수 있고 산책도 할 수 있지만, 무엇보다 매력적인 것은 화천강을 활용한 하천 레포츠, 그중에서도 강물을 달리는 카약과 카누, 하늘을 가르는 집라인(Zipline)이다. 붕어섬을 빙 두른 레일 위로 레일바이크나 카트레일카는 아이들을 데리고 온 부모에게 안성맞춤이다. 연인끼리 왔다면 '월엽편주月葉 片舟'가 어떨까. 소설가 이외수 선생이 이름을 붙인 수상자전거인데, 우리말로 하면 '달잎조각배' 쯤이 될 듯하다. 달빛이 내리는 여름밤의 화천강은 느긋하게 물 위를 누비는 오붓한 연인들로 반짝인다.

붕어섬(ⓒ 화천군청)

한 겨울 붕어섬에서 바라본 화천

　사실 붕어섬이 주목받게 된 것은 지리적 측면을 고려할 때 처음부터 자명한 일이었다. 바로 옆에는 춘천에서 화천으로 올라오는 31번 국도가 지나고 있어 화천 안에서는 물론 근방에서도 오기 간편한 데다, 강 가운데 있는 섬이지만 콘크리트 다리로 육지와 이어졌기 때문에 배로 갈아타는 번거로움도 없다. 차로 10분이면 화천 읍내에서 밥도 먹고 장도 볼 수 있기에, 육지라는 현실과 섬의 낭만을 손쉽게 오갈 수 있는 곳이 바로 붕어섬이다. 낭만과 편리라는 두 마리 '참붕어'를 한꺼번에 잡았으니, 이곳이 바로 화천강의 보물섬이다.

　마지막으로 붕어섬에서 매년 열리는 두 축제를 꼭 소개해야겠다. 매년 6월 6

일 현충일에는 화천강 최남단인 이 붕어섬과 최북단인 평화의 댐 옆 비목공원에서 3일간 비목문화제를 연다. 다양한 볼거리도 있지만 화천의 지리적·역사적 특징을 생각한다면 이곳에서 열리는 현충 행사는 그 의미가 심장하다. 다른 하나는 매년 7월 말에서 8월 초, 더위가 기승을 부리는 한여름의 절정에 열리는 쪽배축제다. 화천 붕어섬 쪽배축제의 특징은 시민들이 '직접 만든 쪽배'를 겨루는 자리라는 것이다. '기상천외'라는 말이 꼭 맞는 기발한 아이디어의 향연을 만끽할 수 있다.

천억 축제,
산천어축제장

2006년 이후 화천 하면 떠오르는 것은 '산천어'가 되었다. 무려 100만 명. 2003년 시작된 '얼음나라화천 산천어축제'는 불과 4회 만에 103만 명의 관광객을 불러들이며 우리나라 최고의 지역 축제로 발돋움하기 시작하였다. 산천어축제의 발전은 그 뒤로도 쭉쭉 이어졌고, 2014년에는 드디어 문화관광부가 선정한 대한민국 대표축제가 되었다. DMZ 접경지역이자 북한강 수원지라는 특수한 환경이 간직한 북한강의 맑은 물이 이제는 전 국민이 즐기는 대표적 축제의 장이 된 것이다.

산천어축제의 성공비결은 '얼지 않은 인정, 녹지 않는 추억'이라는 슬로건에 있다고 해도 과언이 아니다. 2011년 12월, 미국 CNN은 캐나다의 오로라, 얼음에 갇힌 러시아의 상트페테르부르크 등과 함께 한국 화천 산천어축제를 겨울 7대 불가사의로 소개하였다. 그리고 CNN이 인용한 것은 바로 여행자들의 바이블이라 불리는 저명 여행지, 『론리 플래닛』이었다.

산천어축제를 찾는 사람들은 우선 그 규모에 놀라고, 그 규모를 빼곡히 채운 수많은 프로그램에 또 놀라고, 바가지 대신 인정 가득한 분위기에 다시 한번 놀란다. 2003년 시작된 화천 산천어축제에는 2018년까지 1,797만여 명이 다녀갔다. 2018년에는 외국인 관광객 12만 명을 포함해 176만 명이 화천 산천어축제장을 찾았으며, 이를 통한 직접 경제효과만 1,299억에 달하는 것으로 집계되었다. 말 그대로 '천억 축제'인 것이다.

산천어축제가 이토록 활발한 까닭, '인정'이 얼지 않고, '추억'이 녹지 않을 수 있는 까닭은 무엇일까. 궁금한 이는 산천어축제를 찾아, 고개를 들고 화천의 밤하늘을 수놓은 수많은 선등을 보라. 화천 읍내를 가득 메운 2만7,000여 마리의 산천어 선등山燈, 물결치듯 화려하게 머리 위에 빼곡한 이 선등은 마을 주민들이 하나하나 만들어 매단 것이다. 화천초등학교에서 화천우체국까지, 선등이 수놓은 거리는 5km에 달한다. 말 그대로 한 땀 한 땀 직접 만들고 매단 명품 정성이 화천 산천어축제를 명품축제로, 대한민국 대표축제로 만들었다.

한편 화천군의 과감하고 대범한 도전도 빼놓을 수 없다. 살을 에는 듯한 화천의 겨울 추위를 그대로 이용해 화천 읍내를 감아 도는 화천강을 통째로 얼려버리

산천어 축제장(© 화천군청)

주민들이 만든 선등이 화려하게 불을 밝히고 있다.

는 일은 '발상의 전환'이라는 말만으로는 다 칭찬할 수 없다. 군청과 군민의 합심이 아니고서는 쉽지 않았을 것이다. 옛말에 천시天時, 지리地利, 인화人和 중 인화가 가장 중요하다더니 그 말에 꼭 맞다. 혹한의 겨울을 천시로 삼고, 화천강 맑은 물을 지리로 삼아 천억 축제로 만들어 낸 것이 무엇이겠는가, 바로 군청과 군민의 인화가 아니겠는가.

이런 훌륭한 화천 산천어축제장에는 또한 볼거리, 먹거리, 즐길 거리가 허다하다. 일단 축제 이름이 산천어축제이니만큼 축제의 중심에는 산천어가 있다. 꽁꽁 언 강 위에서 얼음낚시로 낚아 올린 산천어는 바로 강변에 늘어선 구이집에서 저렴한 가격에 바로 구워준다. 맨손 잡기에 도전하는 사람들도 있는데, 맨손 잡기나 낚시에 자신 없다면 구이집에서 파는 것을 그냥 사 먹어도 좋다. 요즘에는 영유아를 위한 얼음낚시도 개발되어 아이를 동반한 가정도 낚시를 즐길 수 있도록 배려하였다. 다만, 일부에서 염려하듯 축제 기간에 풀어놓는 산천어는 자연산이 아니라 '양식 산천어'라는 것 정도는 알고 있는 게 좋다.

산천어축제가 반드시 얼음강 위에만 있다고 생각하는 것도 오산이다. 화천은 커다란 백곰으로 '얼음나라'의 이미지를 강조한다. 눈과 얼음을 뭉치고 깎아 만든 조각공원이 축제장 한가운데 '얼곰이 성' 중심으로 펼쳐져 있고, 눈썰매와 스케이트를 탈 수 있는 공간도 따로 마련되어 있다. 날짜를 잘 맞춘다면 2006년부터 진행되어 온 썰매 경기를 구경할 수도 있다. 화천에 있는 박물관, 생태관, 천문대 등도 때맞춰 프로그램들을 진행한다. 산천어축제 동안은 말 그대로 화천 전체가 축제장이라고 해도 과언이 아니다.

경제 논리를 넘어서,
토속어류생태체험관

화천의 산천어축제는 전 세계적으로도 성공한 축제다. 하지만 대규모 인파가 몰려드는 축제의 장을 지배하는 것은 '돈'이다. 지방자치단체와 지역 주민들은 돈이 흐르는 곳에 일차적인 관심을 둔다. 하지만 '돈'이 아니라 다른 곳으로 눈을 돌려보면, 좀더 중요한 의미를 발견할 수 있을 것이다. 이런 점에서 '물의 고장' 화천의 참모습을 더 자세히 들여다보려 하신다면, 산천어 축제를 충분히 즐기신 다음에는, 북한강이 품고 있는 천혜의 생태계에도 눈길을 주시길 바란다. 산천어축제장을 벗어나 북쪽으로 올라가면 매우 소박해 보이는 '박물관'이 있는데, 딴산 맞은편에 있는 이름도 소박한 토속어류생태체험관이 바로 그곳이다.

사실 토속어류생태체험관은 설립부터 쉽지 않았다. 에코-파라다이스를 꿈꾸며 야심 차게 기획하였고, 2007년 5월부터 이듬해 12월 준공을 목표로 추진하였지만, 정작 공사는 2008년 3월에야 시작할 수 있었다. 토속어류생태체험관이 문을 연 것은 2011년 8월 1일, 추진된 지 4년 만이었다.

토속어류생태체험관은 말 그대로 토속 어류의 생태를 직접 체험해 볼 수 있도록 꾸민 전시관이다. 넓이 29,752m²의 부지에 천연기념물·멸종위기종·희귀종·일반종·외래종 등 72종의 토속 어류를 모아 두었다. 2013년엔 약 400m² 넓이의 종묘배양장도 준공하였다. 종묘배양장은 치어를 키워 방류하는 것을 목적으로 하며, 천연기념물인 황쏘가리 등을 방류해 북한강 생태계 보전에 일조하고 있다. 종묘배양장 옆에는 야외체험장도 설치해 '체험'의 범위를 넓히고 있다.

그런데 2013년 즈음부터 이 토속어류생태체험관을 찾는 방문자가 너무 적다는 지적이 제기되었다. 개관 초기에는 매월 방문자 2,000여 명에 달할 정도였으나 근래는 하루 20여 명으로 감소하여 운영 면에서도 빨간불이 켜졌다는 우려다. 화천군 관계자는 관광객유치에 힘쓰겠다고 하였지만, 이런 원론적 대응은 근본적인 해결책이 되지 못한다는 지적이 이어졌다. 그런데 토속어류생태체험관 운영을 꼭 그렇게 '수익성'으로만 따져야 할까? '적자 운영'이 과연 그렇게 문제인가? 예

토속어류생태체험관 내부

다양한 어종의 물고기들을 만날 수 있다.

컨대 주민들의 복지를 위해 공원을 만들고 그 공원을 관리하기 위해 비용이 든다고 하면, '적자 운영'을 이유로 공원을 폐쇄할 것인가?

　토속어류생태체험관의 가치는 미래지향적인 데 있다. 단순히 관광 상품으로서만 가치를 지닌 것이 아니다. 토속 어류에 대한 국민의 관심이 적은 것은 어찌 보면 당연할지도 모른다. 그럴수록 오히려 체험관과 같은 교육·홍보에 노력을 쏟고 연구·보존에 투자해야 한다. 지금 당장 경제적 이익이 나지 않는다고, 지금 당장 사람들이 관심을 가지지 않는다고 하여, 노력과 비용을 아끼려 든다면, 언젠가 북한강의 토속 어류 그 자체가 멸종될지도 모른다. 한국 토속 어류의 미래는 백지가 될 수밖에 없다. 그때 다시 되돌리려 해도 소용없게 된다면 그로 인한 문제는 어떻게 할 것인가. 모든 것을 '수익성'으로 따지는 편협한 잣대로 생태의 가치를 재려 해서야 무엇을 지킬 수 있겠는가.

　실제로 토속어류체험관은 매우 충실하게 잘 꾸며져 있고, 상주직원들 역시 굉장히 친절하고 적극적이었다. 비슷비슷하게 생긴 물고기들에 대한 설명도 상세하게 되어 있을 뿐 아니라 무엇보다 그 물고기들의 생태를 직접 관찰할 수 있다는 것은 굉장한 장점이다. 어름치가 얼마나 귀엽게 생겼는지, 쏘가리가 얼마나 빨리 먹이를 낚아채는지, 큰입베스가 얼마나 큰지, 한국에만 산다는 각시붕어는 어떻게 생겼는지… 이루 헤아릴 수 없는 수중 생태학의 비밀을 미래 세대와 공유할 수 있는 체험관이다. 사진으로 보는 것과 헤엄치는 녀석들을 실제로 보는 것은 전혀 다르다. 자연은 책으로만 배울 수 없고, 생태는 돈으로만 따질 수 없다.

격동의 근현대사를 지나서,
꺼먹다리와 화천수력발전소

화천을 가로질러 흐르는 북한강이 강과 육지의 생명체들을 먹여 살리는 생명수라면, 그곳에서 역사를 만들어온 것은 사람들이다. 토속어류체험관을 지나 다시 남쪽으로 내려오다 보면 시커먼 다리가 하나 나온다. 화천수력발전소를 가동하면서 만든, 화천댐으로 가려고 만든 '꺼먹다리'다. 꺼먹다리의 이름은 나무로 만든 상판에 검은색 타르를 칠해 까맣게 보이기 때문에 붙여졌다. 꺼먹다리는 화천댐이 준공되면서 1945년 건설된 다리로, 등록문화재 제110호로 지정되어 있다. 전체 길이는 4.92m에, 폭은 4.8m이며 철근 콘크리트 기둥의 맨 밑 부분柱脚 위에 강철재인 형강形鋼을 깐 다음 네모지게 쪼갠 재목인 각재角材를 덧댄 가구식 구조로 되어 있다.

꺼먹다리는 우리나라 최초의 철근 콘크리트 교량으로, 일제강점기 당시 일제가 교각을 세웠으나 패망으로 더는 작업을 진행하지 못하다가 이후, 38선 이북에 주둔한 소련군이 철골을 올렸다. 하지만 한국전쟁이 터지면서 다시 작업은 중단되었고 남쪽에서 상판을 얹어 지금의 모습을 갖추게 되었다. 따라서 꺼먹다리는 '일본-러시아-한국' 세 나라가 만든 다리라고 할 수 있다. 꺼먹다리 기둥에는 한

화천수력발전소

화천 꺼먹다리

국전쟁 당시의 포탄과 총알의 흔적이 남아 있고 이름처럼 까뭇한 다리에 오래된 시간의 흔적들을 담고 있어서 드라마 촬영 장소로도 인기가 높았다.

한반도의 근현대사가 만들어낸 이야기를 담고 있는 것은 꺼먹다리만이 아니다. 꺼먹다리를 지나 남쪽으로 내려오면 강 건너 맞은편에 있는 화천수력발전소도 일제강점기와 분단, 전쟁으로 이어졌던 한반도의 근현대사를 담고 있다. 화천수력발전소를 가기 위해서는 구만교를 건너 강 건너편으로 가야 한다. 그리고 그곳에는 파로호가 흐르고 있다.

화천수력발전소는 현재 등록문화재 제109호로 지정되어 있다. 일제강점기 일본은 1939년 7월 한강 유역에서 전원개발을 위해 파로호라는 인공호수를 만들고 이곳에 총 설비용량 10만 8,000KW에, 총저수량이 10억 2,000만m²의 댐수로 발전소 건설을 시작하였으며 1944년 5월 2만 7,000KW의 1호기, 10월에 2호기가 준공되었다. 그러나 3~4호기는 일제의 패망으로 공사가 중단됨으로써 건설되지 못하였다.

그러나 화천수력발전소는 38도선 이북에 있었기 때문에 북의 소유였다. 한국전쟁 당시 무려 다섯 차례에 걸쳐 치열한 공방전이 있었고, 1951년 남쪽이 최종적으로 장악하였다. 하지만 이런 와중에 화천수력발전소 시설 대부분은 파괴되었고, 1952년 1호기 복구로부터 시작하여 1953년 2호기, 1957년 3호기 설치가 완료되었고 1968년에는 4호기가 증설 완공됨으로써 현재의 모습을 갖추었다.

온 생명을 꿈꾸다,
한국수달연구센터

근대의 역사는 인간에 의한 자연의 수탈사이기도 하다. 원래는 자연을 공유해온 무수한 생명종들이 멸종의 위기로 놓여갔다. 북한강의 대표적인 포유류인 수달도 마찬가지이다. 화천은 북한강에 수달을 돌려놓기 위해, 아니 수달에게 북한강을 돌려주기 위한 노력을 시작했다.

한국수달연구센터는 수달 연구 전용 센터로는 아시아에서 최초로 건립된 곳이다. 그 시작은 2005년으로 거슬러 올라간다. 한국수달연구센터는 옛 거례분교 자리에서 임시사무소를 열어 유지하다가 2012년에 드디어 신축 건물로 확장 이전하면서 지금의 규모를 갖추게 되었다. 100억 원의 사업비를 들여 2013년에 정식으로 개관한 한국수달연구센터는 수달에 대한 애정으로 가득 차 있다.

2,402m² 넓이의 연구센터와 6만1,312m² 넓이의 생태공원으로 구성된 한국

—
한국수달연구센터 전경(© 한국수달연구센터)

수달연구센터가 하는 일은 연구·교육·사육 활동 등 크게 세 가지다. 멸종위기 야생생물이자 천연기념물인 수달은 전문적인 보호와 관리가 시급하였는데, 이를 위해 만든 것이 한국수달연구센터. 그래서 한국수달연구센터는 무엇보다 사육과 연구를 중시한다. 사람들에게 수달을 알리는 일도 크게 보자면 수달 보호의 한 갈래이기에 교육과 홍보도 지속해서 수행하고 있다.

한국수달연구센터에 가면 다섯 개의 서로 다른 축사에서 생활하는 수달들을 직접 만날 수 있다. 똘똘한 생김새처럼 움직임도 야무지고 날래다. 때로는 카메라 앞에서 자세를 잡는 것처럼 멈춰서 사람들을 빤히 쳐다보는 모습에 여기저기서 귀엽다는 탄성이 터진다. 애초에 한국수달연구센터의 목적이 '수달을 위한 시설'이었던 만큼, 수달이 생활하는 축사들은 최대한 수달의 실제 생태환경과 비슷하게 꾸며져 있다. 다만 왜 다섯 군데로 나누어 두었는지, 함께 생활하면 더 즐겁지

않을까 하는 생각도 들었다. 그런데 귀여운 외모와 달리, 육식성이 강한 쪽제빗과 포유류인 수달은 서로 경계 의식이 분명하므로 축사를 분리해놔야 사고가 안 난다는 것이 사육사의 설명이다.

지난 2018년 4월, 대구 얼라이브 아쿠아리움에 근무하는 한 수달 사육사의 사연이 소개된 적이 있다. 맹수로만 알려진 수달이 사육사의 품에 제 새끼들을 안겼다는 것이다. 늘 같이 지내는 사육사의 품이, 그에게는 새끼를 맡겨도 될 '안전한 곳'으로 여겨진 덕이다. 한국수달연구센터에서 만난 수달들도 그리 사람들을 두려워하거나 경계하는 것처럼 보이지 않았다. 수달을 찾아온 사람들도 수달들을 방해할까 조심스러워하는 모습을 보이며, 철창 속 구경거리가 아닌 보존하고 아껴줘야 할 대상으로 여기는 것 같았다.

자연생태에 접근하여 연구하는 태도에는 여러 가지가 있다. 어떻게 하면 우리가 '그들을 이용'할지를 모색하는 것, 어떻게 '그들과 함께할지'를 궁리하는 것, 더 나아가 어떻게 '그들 그대로 지켜줄지'를 고민하는 것 등이다. 돈벌이가 되는 구경거리로만 대한다면, 이용하기 위한 수단으로 보존을 외친다면, 진정한 공존·공생의 길은 아득히 멀기만 하지 않을까.

지구는 우리에게만 제공된 삶의 터전이 아니다. 지구는 모두에게 보금자리를 제공하고 있으며 이들 생태적 순환이 지구를 살아있게 한다. 하지만 인간이 경제적 가치와 문명의 이기만을 고집한다면 지구를 '온 생명'으로 만들어가는 생태적 순환은 깨질 것이고 인간 자신이 살아온 터전도 잃어버릴 것이다. 그렇기에 함께 살아가기는 더 이상 선택의 문제가 아니다. 그것은 절대적인 명령이다. 북한강의 물고기 이야기는 이것을 보여주고 있다.

산천어축제장 (단, 겨울 축제 기간에 갈 것!)

산천어축제는 2000년 화천군이 시작한 '낭천얼음축제'로부터 시작되었다. 2003년에는 화천의 대표적 토속 어류인 '산천어'에서 이름을 따와 '산천어축제'로 이름을 바꿨다. '얼지 않은 인정, 녹지 않는 추억'이라는 구호로 시작된 제1회 산천어축제는 22만 명의 관광객이 참여했는데, 2006년에 열린 제4회 축제에서부터 벌써 100만 명 이상의 관광객이 찾았다.

2008년 제6회부터 문화체육관광부로부터 문화관광 우수축제로 선정되었으며, 2010년에는 동일 부문에서 최우수축제로 선정되었다. 2011년 미국 CNN이 산천어축제를 겨울의 7대 불가사의(7 Wonders Of Winter) 중 여섯 번째로 소개하였다. CNN은 세계적 여행안내서인 『론리플래닛』을 인용하여, 100만 명 이상의 관광객이 얼음판에서 산천어를 잡는 풍경을 전 세계에 내보냈다.

축제 참가자들은 겨울에는 40cm가 넘는 두께로 언 화천천의 얼음을 깨고 산천어를 잡는다. 산천어축제에는 얼음낚시, 수상 낚시, 루어 낚시, 맨손 잡기, 밤낚시 등의 산천어체험프로그램이 있다. 눈썰매, 봅슬레이, 얼음 썰매, 피겨스케이트 등의 체험프로그램과 문화 프로그램도 진행하고 있다.

산천어축제 기간에는 저녁이 되면 화천군 읍내에 수많은 등이 빛을 밝힌다. 산천어 등으로 만들어진 '선등거리'는 2010년 제8회 산천어축제 때부터 도입되었다. 선등거리라는 이름은 소설가 이외수가 '이 거리를 거닐면 누구나 신선이 되고, 소망을 이룬다'라는 뜻으로 지은 이름이다. 화천초등학교에서 우체국까지 약 5km 정도 이어지는 선등거리는 2만7,000여 개의 산천어 등이 거리를 밝힌다. 이 산천어 등은 화천주민들이 직접 만든다.

07

북한강 물길에 깃든
치유의 길

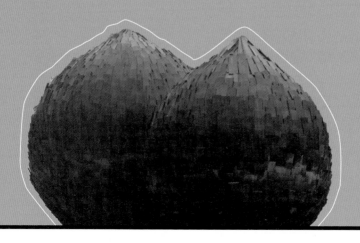

| 평화의 댐과 물문화관 – 딴산 – 숲으로 다리 – 서오지리 연꽃단지

생명수로 거듭나길, 평화의 댐과 물문화관
마을과 물고기들의 수호신, 딴산
둥실둥실 동실동실, 숲으로 다리와 폰툰다리들
폐습지의 부활, 서오지리 연꽃단지
'처음처럼 신선한 새벽'을 위하여

생명수로 거듭나길,
평화의 댐과 물문화관

　서울을 가로질러 서해로 흐르는 한강은 본래 두 줄기 물이 합쳐진 것이다. 남한강은 강원도 태백시 대덕산 금대봉에 있는 검룡소檢龍沼로부터, 북한강은 북한의 강원도 회양군 상북면 연대봉蓮擡峰으로부터 흘러나와 경기도 양평의 양수리兩水里에서 만난다. 그 이름도 '두 갈래 물 마을'인 그 곳에서, 북한강과 남한강은 커다란 한강이 된다. 한강은 흘러 서해에 닿는다. 그곳에서 다시 또 한 줄기의 임진강과 만나 서해로 뒤섞여 들어간다. 태백과 회양에서 시작된 물은 강화에서 비로소 긴 흐름에 지친 몸을 풀어 놓는다.

　북한강은 회양군 상북면의 연대봉을 발원지로 두지만, 다시 온정령溫井嶺으로부터 내려온 금강천金剛川과 춘양산春陽山에서 발원한 수입천과 합쳐지면서 비로소 북한강이 되어 남쪽으로 흘러온다. 우리가 찾아가고 있는 평화의 댐은 이 북한강이 막 한 몸이 되어 남쪽으로 흘러내려 오는 그 가장 북쪽, 화천군의 최북단에

평화의 댐 물문화관 내부 전시물

서 있다.

흔히 물은 생명의 원천이라 한다. 선사시대 주거지들은 물론 동물들도 물가에 산다. 남북에서 흘러나와 하나로 모여 한반도의 가슴을 적시며 서해로 흐르는 한 강 역시 이 땅의 거대한 젖줄이다. 그러나 모든 것을 전쟁과 반공으로 연결하며 냉전과 분단의 부스러기로 제 배만을 채우려 했던 독재자들에게는, 정말로 서울 을 물바다로 만들지 모를 무서운 전쟁 무기였거나, 아니면 그런 전쟁 무기라고 꾸 며내어 권력을 연장할 정치 무기로만 보였나 보다. 이름은 '평화의 댐'이지만 실 상은 '냉전의 댐'일 뿐이었을 뿐이라는 것을 이제는 다 알지 않은가.

강을 어떻게 끊겠는가. 끊었다고 믿을 뿐이다. 땅도, 강도 끊을 수 없다. 사람들 은 휴전선을 그어 '분단分斷'을 만들었지만, 분단된 것은 사람들 뿐이다. 북한강이 유 유히 흘러 남한강을 만나듯, 우리 민족이 다시 모여 한 그릇에 모일 날이 언제일까.

'물의 나라 화천'을 가장 상징적으로 보여주는 것은 '화천 평화의 댐 물문화관'

평화의 댐 물문화관 야외에 설치된 평화의 물그릇

이다. '평화의 댐 물문화관' 앞마당에는 이 마음을 담아 만든 커다란 조각품이 있다. 조각품의 주제는 '민족의 염원을 담은 평화의 물그릇'이다. 이 커다란 그릇으로 한강수를 퍼 담는 날이 오면, 남한강이든 북한강이든 무슨 상관이랴.

'화천 평화의 댐 물문화관'은 한국수자원공사가 지역복합문화 공간으로 조성한 것이다. 특히, '자연 속 평화의 댐'이라는 주제로 산천어, 산양 등 이곳에서 살아가는 다양한 생명체들을 전시하고 있다. '물문화관'은 기본적으로 우리가 미래로 나아가기 위해서는 식민과 분단, 전쟁을 겪었던 과거의 아픔을 치유해야 한다는 의식을 전제로 하고 있다. 물은 발원지를 고집하지 않는다, 우리의 미래도 과거에 묶여있을 필요가 없듯.

마을과 물고기들의 수호신,
딴산

평화의 댐 아래로 북한강을 따라 굽이진 길을 내려온다. 북한강을 따라 남쪽으로 내려오다 보면 왼쪽으로 갑자기 깎아지른 듯 솟아오른 봉우리가 있다. 그 봉우리의 꼭대기에서 세찬 물줄기가 아래로 떨어지고 그 밑에는 꽤 넓고 깊은 개울이 흐르고 있다. 그곳이 바로 '딴산'이다. 딴산은 마치 강 한가운데 서 있는 섬 같다. 딴산은 말 그대로 '따로 뚝 떨어진 산'이라고 해서 붙여진 이름이다.

이렇게 독특한 지형에는 기이한 설화들이 붙어있게 마련이다. 사실 설화는 인간이 자연을 이해하고 설명했던 가장 오래된 방식의 전승이다. 그래서 설화 속 이야깃거리들에는 맥락이 있다. 그 맥락이야말로 설화를 읽는 재미의 근간이다. 무엇으로 설명하는지, 왜 이렇게 설명하는지를 되물어가면서 그 설화를 만들고 전하던 사람들의 마음을 엿보는 재미다.

딴산에도 딴산이 이렇게 따로 앉아 있는 이유에 대한 설명이 설화로 전해진다. 설악산의 병풍바위와도 얼핏 유사한데, '금강산이 되지 못한 바위(山)들의 이야기'가 그것이다. '금강산' 하면 자연스레 따라 나오는 말이 '일만이천 봉'이다.

금강산 찾아가자 일만이천 봉
볼수록 아름답고 신기하구나
철 따라 고운 옷 갈아입는 산
이름도 아름다워 금강이라네, 금강이라네

누구나 한 번쯤 들어봤을 이 노래는 함경남도 출신으로 월남한 아동문학가 강소천 선생이 노랫말을 짓고, 나운영 선생이 곡을 붙인 것으로, 1953년 국정 음악 교과서를 통해 발표된 동요이다. 일만이천이라는 숫자는 불교 설화에서 유래했다는 설이 많다. 『세종실록 지리지』에는 "천 개의 봉우리가 눈처럼 서 있는데, 높고 험준하며 기이한 절묘함이 또한 으뜸이다"라고 묘사되어 있다. 이렇듯 금강산 하면 수없이 늘어선 준봉峻峯 이야기가 빠지지 않는다.

그러니 사람들 사이에 '저 준봉들이 어찌 저리 빽빽이 모여 섰나' 하는 말이 오갔을 것이다. 딴산처럼 전국의 기이한 바위나 외로운 봉우리들에 대해서도 '금강산에 가려다 못 갔다'라거나 '금강산에 갔다가 되돌아왔다'라거나 하는 식의 말들이 붙기 시작하였을 것이다. 딴산으로 말하자면 '금강산으로 가던 중, 금강산의 일만이천 봉이 다 채워졌다는 소식을 듣고 지금 자리에 눌러앉았다더라' 하는 말이 붙어있다.

그렇지만 이 이야기에 딴산을 실패자로 조롱하는 기색은 전혀 없다. 사실 딴산의 높이는 165m에 불과한데, 실제로 보면 결코 작다는 느낌이 들지 않는다. 보통 봉우리들이 산세를 타고 슬며시 높아지는 것과 달리 딴산은 개울가에서 갑자기 우뚝 솟아 있기 때문이다. 딴산은 '나, 이만한 산이야!' 하는 것처럼 배를 내밀

겨울 딴산은 또 이렇게 인공 얼음폭포를 만들어 사람들의 눈길을 사로잡는다.

나즈막한 딴산의 자태가 친근하기만 하다.

고 서 있는 것 같기도 하고, 개울 건너편 마을을 푸근한 눈길로 은은히 내려 보는
듯도 하고, 가지 못한 금강산을 바라보며 북녘을 올려다보는 것 같기도 하다. '과
연 금강산 일만이천 봉의 후보로 거론될 만하다', 하는 것은 아마 딴산을 보러 온
사람들의 비슷한 감상이리라.

둥실둥실 동실동실,
숲으로 다리와 폰툰다리들

　북한강을 끼고 사는 화천에는 다리들이 참 많다. 근래 '교량'이라고 하면 자동
차나 기차가 지나다녀야 하기에 딱딱한 콘크리트를 부어 만든 것이 우선 생각나
지만, 화천에는 물 위에서 흔들흔들, 물을 따라 흔들거리는 다리도 있다. '한국수
달연구센터'에서 오른쪽으로 방향을 틀어 강을 따라 남쪽으로 내려오다 보면 있
는 부교浮橋 들이다. 가장 먼저 만날 수 있는 다리는 '숲으로 다리'다. '숲으로 다
리'라는 이름은 소설가 김훈 선생이 지었다고 한다.

　'숲으로 다리'는 우거진 숲 아래의 잔잔한 물 위를 걷게 한다. 짙은 녹음 사이
로 스며드는 햇빛 아래로 미세하게 흔들리는 다리 위를 걷다 보면 온몸이 청량하

숲으로 다리(ⓒ 화천군청)

여진다. 그늘진 물가의 차가운 습기 속에서 몸도 마음도 서늘한 여유를 얻는다.

그러고 보면 김훈 선생이 언젠가 『칼의 노래』를 작업할 때 첫 문장을 쓰느라한 참 고민했노라고 말하였던 기억이 난다. 러시아의 문호 모파상은 '작가의 일은 딱 맞는 그 말을 찾는 것'이라고 하였다는데, '숲으로 다리'라는 이름은 참 좋은 이름이다 싶다. '숲으로 향한다'라는 뜻도 좋고, '숲푸로' 라는 발음도 다리의 느낌을 잘 살린 듯하다.

북한강을 끼고 있는 화천에는 이곳저곳에 '폰툰 다리'를 설치해 두었는데, 폰툰 다리라고 부르는 것이 왠지 성에 차질 않아 보인다. 지나친 애국심인가, '폰툰'의 어감에서 무언가 숲속에서 불어오는 조용하고 잔잔한 미풍의 느낌도 있는 것 같지만, 사실 이 단어는 영어 'pontoon'을 한글로 표기한 것에 불과하기 때문이다. 폰툰의 의미는 임시로 설치해 둔 부교나 잔교(棧橋)이니, '폰툰 다리'는 중복된

눈 덮힌 겨울 숲으로 다리의 모습

표현일뿐만 아니라 '숲으로 다리' 만큼의 섬세한 의미도 풍기지 못한다.

물론 폰툰은 애초에 가설 부교이고, 저마다의 이름을 지어 줄 수도 없겠지만, 굳이 '배다리'와 같은 우리가 쓰던 말을 놔두고 '폰툰 다리'라고 부르게 했는지는 아쉬울 뿐이다. 물론 영어나 한자어 표현 자체를 문제 삼는 것은 아니지만, 이런 형태의 다리를 가리키는 우리말도 있지 않나 하는 생각이 드는 것은 어쩔 수 없다. 혹여나 배를 이어댄 것은 아니니 '배다리'가 적절한 이름이 아니라면, '둥둥 다리'와 '동동 다리' 정도로 하면 또 어떨까 싶기도 하다.

막상 건너다니다 보면 너무 재밌는 데다, 다른 곳에서는 쉽게 경험하기 힘든 탓에 이름에까지 욕심이 나는 것이다. 이런 아쉬움을 내려놓고 다리 위로 올라서면, 흔들흔들 일렁일렁, 여기저기서 웃는 소리 우는 소리가 여간 재미있지 않다. 찰랑찰랑 북한강 물 바로 위로 둥둥 떠 있는 느낌이란, 정말이지 이곳 화천에서만 느낄 수 있으니까.

폐습지의 부활,
서오지리 연꽃단지

화천을 흐르는 북한강을 따라 생명과 생태를 좇는 이 길의 마지막은 연꽃이 가득한 서오지리 연꽃단지다. 사실 연꽃은 도심에 조성된 호수공원들에서 흔히 볼 수 있다. 도시 속 호수공원에는 물이 고여있을 수밖에 없고, 그러다 보면 이런저런 침전물들이 쌓이면서 작은 습지가 만들어진다. 습지는 쉽게 오염되기도 하지만, 생태의 보고이기도 하다. 연꽃은 물론 수많은 습생종들이 기거하기 때문이다.

서오지리 연꽃단지도 비슷한 사정으로 만들어졌다. 1965년 춘천댐이 생기면서 '건넌들'이라고 부르는 마을 앞쪽 일부가 물에 잠기면서 습지가 생겨났고 이

서오지리 연꽃단지 외부에는 이렇게 연꽃 모형이 들어서 있다.

후, 오염된 습지를 정화하기 위해 2003년부터 연꽃을 심어 온 것이 현재의 서오지리 연꽃단지로 커진 것이다.

불교에서 연꽃은 참된 이치의 상징이기도 하다. 오직 가섭迦葉만이 부처께서 연꽃을 들어 보였을 때 그 의미를 이해하고 미소를 지었다. 유명한 '염화미소拈華微笑'는 바로 이 광경을 묘사한 말이다. 더럽고 질퍽한 진흙탕에 뿌리를 내렸지만 한 치도 흐트러지지 않고 자기 자신의 본연의 자태를 우아하게 펼쳐내는 연꽃이야말로 우리 자신의 진정한 모습이라는 가르침을 말 그대로 '손에 들어 보여 준 것'이다.

연꽃은 깨끗한 모양도 아름답지만 풍성한 크기도 매력적이다. 게다가 빽빽하게 모여 피는 모습도 제법 장관을 이룬다. 6월에 접어들면, 약 5만여 평의 연꽃단

서오지리 연꽃단지의 고운 연꽃 자태(© 최익현)

연꽃단지에서 조금 비켜서면, 이렇게 강줄기가 한 눈에 들어오는 배경을 두고 코스모스가 하늘거린다.
(© 최익현)

지에 연꽃이 가득해진다. 연꽃 하면 떠오르는 선홍색과 크림색의 수련꽃, 가시 돋은 큰 잎사귀가 인상적인 가시연, 손가락만 한 노랑어리연이 서로 경쟁이라도 하듯 뽐내며 피어오른다. 이곳에는 약 300여 종의 연꽃이 자라고 있다 한다.

연꽃만이 아니다. 연꽃이 자라면서 물벼룩을 비롯해 물속에 사는 곤충과 가물치, 잉어, 붕어, 새우, 참게 등 토종어류도 돌아왔다. 또한 이들을 찾아 뜸부기, 파랑새, 호반새, 꾀꼬리, 원앙, 물닭과 같은 희귀한 새들이 다시 둥지를 틀기 시작하였다. 서오지리 연꽃단지는 춘천댐으로 잠겨버린 폐습지의 부활이라는 점에서, 그 자체로 진흙탕에서 솟아오른 연꽃의 메타포다.

'처음처럼 신선한 새벽'을 위하여

화천에는 물을 따라 삶을 짓고자 하는 의지가 담긴 곳들이 많이 있다. 노자老子는 '최고로 훌륭한 방식은 물과 같은 방식上善若水'이라는 말로 자연스러운 삶을 칭송했다. 자연스러운 삶이 무엇이겠는가. 공존이다. 미래 세대를 위해서는 더욱 중요하다. '미래와 공존'의 가치관은 북한강 물줄기를 따라 흐른다. 물문화관도 그렇고 서오지리 연꽃단지도 그렇고 흔들흔들 자유로운 폰툰다리들도 그렇다.

예전에 즐겨 들었던 정태춘의 '북한강에서'의 노랫말이 떠오른다.

우리의 하루하루가 끝없이 흘러가는 저 큰 강의 작은 물방울들처럼 초라하고 보잘것 없이 무겁게 흘러가는 것 처럼 느껴질 때가 있다. 밤과 강이 뒤엉키며 흐르는 시간에 오늘을 털어내고 내일을 밀어내며 뒤척이는 날이 있다. 그럴 때, 그렇게 "아주 우울한 나날들이 우리 곁에 오래 머물 때" 정태춘은, "강으로 되돌아가듯 거슬러 올라가면", "처음처럼 신선한 새벽"을 만나게 될 거라고 노래한다.

안개가 걷히고 어슴푸레한 새벽이 어둑한 밤을 아래서부터 밀어 올리며 강은 다시 반짝이며 맑은 제 흐름을 되찾는다. 차가운 새벽의 콧김을 온 몸을 쐬며 걸을 때, 자연은 무섭게 나를 다시 나로 돌려놓는다. 처음처럼 신선한 나로 돌려 놓아 주는 이 강을 향유할 수 있는 권리는 나만의 것이 아니다.

숲으로 다리

화천에는 폰툰다리가 여럿 있지만 그 중에서도 최고는 역시 '숲으로 다리'이다.

숲으로 다리는 화천 '산소길' 구간 중 북한강을 가로질러 가는 길에 놓인 다리이다. 워낙 멋이 있어 한국관광공사가 사진찍기 좋은 곳 100선으로 꼽기도 했다.

숲으로 다리는 미륵바위부터 화천읍 원시림 숲길까지 이어지는 약 1.5km 정도 강을 따라 떠있다. 폰툰다리라는 것이 강 위에 띄운 부교인지라, 숲으로 다리에서 무릎을 굽혀 손을 뻗으면 강물이 손에서 남실대는 것을 그대로 느낄 수 있다.

물안개가 시원하게 뺨에 닿는 날에 숲으로 다리는 북한강변의 신비로운 낭만을 한껏 도취시켜 준다. 비라도 오는 날이면 북한강에 떨어지는 빗방울 소리에 나도 모르게 걸음을 잠시 멈추게 되기도 한다. 햇살이 가득한 날에 숲으로 다리는 사진찍기 최고로 좋은 장면을 선사한다. 살푼 얼은 강 위로 눈이 가득한 겨울의 숲으로 다리 역시 무언가 모를 애틋함을 가슴에 틔운다.

어떤 날이 숲으로 다리를 즐기기 가장 좋은가. 말했듯이, '언제나' 이다.

08

내려다보는 산과 물, 그 안에서 보이는 화사하지만 서늘한 풍경들

| 칠성전망대 – 서화산전망대 – 파로호전망대 – 해산전망
대 – 평화의 댐 – 세계평화의 종 공원

칠성전망대, 고지전의 흔적과 금성천의 매혹
생동하는 화천을 볼 수 있는 곳, 서화산전망대
푸른빛의 서늘한 풍경, 파로호전망대
화천이 숨겨온 운해(雲海)의 비경, 해산전망대
평화의 상징이 된 적대의 산물, 평화의 댐
한반도에 울리는 평화의 종소리, 세계평화의 종 공원

태백산맥太白山脈과 광주산맥廣州山脈에 둘러싸여 있는 강원도 화천華川. 산이 높으면 계곡도 깊듯이 강원도 화천은 높은 산과 아름다운 계곡의 고장으로 불린다. 하지만 반대로 산이 높고 계곡이 깊으면 사람들의 삶은 편안할 수 없다. 더군다나 DMZ 접경지역으로서 화천의 삶은 분주하고 화려한 삶과는 거리가 멀다. 실제로 서울시 면적과 비슷한 화천군의 인구수는 2018년 현재 약 2만6,000명에 불과하다. 그러나 강원도 화천군에는 외부인의 방문이 끊이지 않는다. 높은 산과 깊은 계곡에 둘러싸여 다가가기 힘든 화천이지만, 오히려 사람들은 화천을 둘러싼 산과 강, 그리고 호수를 조망하기 위해 온다. 한눈에 내려다보는 산과 강, 호수가 빚어내는 풍경은 무척이나 매혹적이다. 하지만 이 아름다운 풍경의 밑바닥에는 화천에 깃든 역사적 아픔과 상처를 보듬고 흐르는 통한痛恨의 물줄기가 존재한다. 북한강은 하나의 물길이지만 산과 계속 곳곳에서 이곳을 향해 달려오는 다양한 이야기를 품고 있다.

칠성전망대,
고지전의 흔적과 금성천의 매혹

화천의 지역적 특성은 무엇보다 DMZ 접경지역이라는 데서 찾을 수 있다. 그런데 화천은 같은 강원도라고 할지라도 왼쪽의 철원과 오른쪽의 양구에 비해 북한과 경계를 맞대고 있는 범위가 작다. 그래서일까. 강원도의 다른 지자체와 달리 화천 지역에서 DMZ를 관람할 수 있는 전망대는 늦게 세워진 데가 그 수마저도 적다.

칠성전망대는 2011년에 개봉했던 영화 「고지전」과 인연이 깊다. 이 영화는 한국전쟁 당시 휴전협정의 발효를 앞두고 '애록고지'에서 펼쳐졌던 참혹한 고지전高地戰을 그려냈다. 이 영화를 본 많은 사람은 전쟁의 허무함과 비극을 느끼며 가슴

칠성전망대

아파하였다. 실제로 한국전쟁 기간의 70% 이상은 '한 치의 땅이라도 더 차지하기 위해' 참혹하게 벌어졌던 고지쟁탈전이었다. 화천의 능선과 골짜기 역시 한국전쟁 중 가장 처참하고 치열했던 고지전이 벌어진 장소들이었다. 영화 「고지전」에 등장하는 '애록고지'는 화천의 '425고지'를 모티브로 삼은 것으로, 애록이라는 이름은 'Korea'를 거꾸로 읽은 데서 왔다는 이야기도 있다. 1953년 7월 20일부터 정전이 확정되는 7월 27일까지, 일주일간 425고지를 차지하기 위해 남과 북은 참혹한 고지전을 치렀다. 이 고지는 38선으로부터 35km 북쪽에 있었기에 지리적으로도 중요했고, 고지를 점령하는 측이 화천 지역과 화천발전소까지 차지할 수 있기에 피 말리는 전투가 벌어질 수밖에 없었다. 혈전血戰 끝에 이 고지는 남쪽의 것이 되었고, 1991년 그 옆에 '칠성전망대'를 세웠다.

현재 참혹했던 고지전의 흔적들은 다시는 찾아볼 수 없다. 칠성전망대 역시 전망대 앞에 세워진 '425고지 전적비'에서만 고지전의 기억을 확인할 수 있을 뿐이다. 실제로 DMZ 접경지역의 전망대가 군사적인 목적으로 북측을 '감시'하기 위해 만들었다 보니 그 분위기도 제법 삼엄한 경우가 많지만, 칠성전망대는 약간 다른 느낌을 준다. 지금의 칠성전망대는 관람객이 좀더 친화적인 분위기를 느낄 수 있도록 2013년에 새롭게 조성하였다.

기존 2층 규모의 전망대를 3층으로 증축하였는데, 1층은 군인들의 생활관으로, 2층은 전시실과 휴게실로, 3층은 전망대로 탈바꿈시켰다. 또한 전반적인 분위기 역시 현대적인 감각을 담아낼 수 있도록 치장하였다. 전망대의 1층에는 GOP 초소의 생활관이 있어 일반인들은 전망대의 2층부터 입장할 수 있다. 2층을 올라가면 'DMZ 갤러리 카페'라는 근사한 이름의 공간이 있다. 이곳은 여유롭게 앉아서 북측을 관망하며 차를 마실 수 있는 이색적인 카페. 전망대 3층에는 DMZ 휴전선에 쓰였던 철근과 철조망을 이용해 만든 DMZ 모형의 조형물을 볼 수 있다. 철조망을 엮은 곳에 꽃을 형상화한 것들을 붙여놓아 평화의 상징처럼 느껴지

게 만드는 조형물이다. 그 뒤로는 남북의 경계에 놓인 여러 산이 무척이나 아름답게 펼쳐져 있어 눈길을 사로잡는다.

하지만 칠성전망대에서 가장 눈길을 끄는 것은 70여 년이 넘게 사람들의 출입이 없었던 원시림도 아니고, 끝없이 이어진 경계선도, 남북 경계에 있는 웅장한 산들도 아니다. 북으로 흘렀다가 다시 남쪽으로 방향을 바꿔 평화의 댐으로 흘러나오는 '금성천金城川'이 단연 압권이다. 원래 금성천은 북측 강원도 평강군에 있는 해발 1,063m인 장바위산에서 발원하여 김화군 용현리에서 북한강으로 흘러드는 하천인데, 바로 칠성전망대 앞에서 휴전선의 남쪽에서 북쪽으로 잠깐 물길이 올라간다. 북에서 남으로, 남에서 다시 북으로 국경과 경계를 넘나드는 물길이 이색적이다. 이렇게 경계를 오간 금성천의 물길은 다시 북한강을 만나 한반도를 관통해 서해로 빠져나간다.

그래서 영화 「고지전」에 등장하는 '애록고지'는 화천의 '425고지'를 모티브로 삼았는데도 불구하고 '애록'이라는 이름으로 불렸는지도 모른다. 고지전에서 '코리아'는 뒤집혀 있다. 전쟁은 어느 사이엔가 사람을 위한 전쟁이 아니라 전쟁을 위한 전쟁이 되고 하나의 민족이라는 '하나 됨'은 오히려 상대를 죽이는 '죽음'의 학살 현장이 되었다. 그렇기에 영화 「고지전」의 전도된 세계는 하나 됨을 위해 동원된 무자비한 국가폭력을 보여주면서 평화의 생명의 숭고한 가치를 역설한 것으로 읽힐 수 있다.

생동하는 화천을 볼 수 있는 곳,
서화산전망대

전망대는 직접 갈 수 없는 것을 보기 위해 만들기도 하지만, 높은 곳에서 새처럼 전체를 조망하기 위해 세워지기도 한다. 그렇기에 칠성전망대가 두 동강이 난 국토를 내려다보면서 분단의 고통과 전도된 한국전쟁의 기억을 회상하는 곳이라면, 2016년 상량식을 올린 서화산전망대는 산 좋고 물 좋은 '물의 고장', 화천에 사는 사람들의 마을 전체를 조망하기에 좋은 곳이다. 서화산은 화천군의 중심인 화천읍 시가지를 감싸고 있는 산이다. 해발 약 250m의 야트막한 산이지만, 꼭대기에서는 화천읍을 중심으로 한 시가지 전체를 볼 수 있다.

사방으로 시원하게 뚫린 전망대에 앉아 화천 읍내의 전경을 눈에 담으면, 주변 산과 계곡뿐만 아니라 화천군민들이 사는 현대식 아파트와 오래된 주택들, 학교와 성당, 북한강과 화천천에 이르기까지 옹기종기 모여 있는 광경을 눈에 담을 수 있다. 특히, 읍내가 주는 활기찬 모습이 눈에 띈다. 이 또한 '아름다운 강의 도시', 화천이 지닌 또 다른 매력이다.

2009년 화천군은 군내 중심에 있는 서화산 일대를 개발하는 계획을 발표하였다. 서화산 일대에 정상으로 오를 수 있는 산책로를 비롯하여 전망대를 건립하고

서화산전망대   서화산전망대에서 내려본 화천읍

인공폭포를 조성하여 화천 관광객의 유치에 힘쓰겠다는 것이었다. 이러한 계획에 따라 2012년에는 서화산 중턱에 산국山菊 3만 그루와 천인국天人菊 1만 그루를 심은 산책길을 조성하였으며, 길이 150m의 인공폭포를 만들었다. 이런 계획의 연장선에서 2016년 8월에 서화산 정상에도 전망대가 들어섰다. 지역관광객을 유치하기 위한 화천군의 다양한 실천 결과라고 할 수 있다.

이런 노력 때문인지 화천군은 대한민국에서 가장 유명한 지역축제인 '산천어축제'로 전 세계의 주목을 받고 있기도 하다. 화천군이 매년 개최하는 '화천산천어축제'는 정부가 지정하는 '대한민국 대표축제'의 타이틀을 2014년부터 놓치지 않고 있으며, 미국 CNN으로부터는 일본 삿포로 축제, 중국 하얼빈 빙등제, 캐나다 윈터카니발 등과 함께 '세계 겨울 4대 축제'로 선정되기도 했다. 축제 기간에만 100만 명이 넘는 인원이 화천을 찾는다고 하니 이 축제의 규모와 그 성공이 놀랍게 느껴진다. 최근에는 겨울의 '산천어축제'와 버금갈 수 있도록 여름의 쪽배축제를 개최한다고 하니 화천의 자연경관을 활용하고자 하는 지역주민들의 노력과 열정을 짐작할 수 있다.

이처럼 화천군을 찾아오는 많은 사람의 발걸음이 계절을 가리지 않고 이어지고 있다. 그리고 이곳 서화산전망대에서는 화천군의 활력 넘치는 모습을 봄, 여름, 가을, 겨울 언제든 고스란히 만끽할 수 있다.

푸른빛의 서늘한 풍경,
파로호전망대

지금 '화천'은 '꽃 화華' 자를 써서 '꽃처럼 아름다운 강'이라는 의미로 쓰지만, 원래의 명칭은 '합칠 화和' 자를 써서 '화천和川'으로 불렸다. 바로 이곳에서 북한강과 그의 지류인 마현천, 오봉천 등의 수많은 하천이 합쳐지기 때문이다. 그래서 화천은 높은 산들 사이로 흐르는 강물을 따라 펼쳐지는 아름다운 고장으로, '꽃과 빛'을 의미하는 '꽃 화華'를 써도 손색이 없는 곳이다. 하지만 아름다운 자연을 가진 화천에 아름다운 역사만 있는 것은 아니다. 이토록 아름다운 자연을 피로 물들이는 것은 항상 인간이다. 오늘날 DMZ 접경지역으로서 화천의 랜드마크(Landmark)가 된 '파로호'라는 이름을 가진 인공호수는 바로 그것을 볼 수 있는 곳이다.

파로호는 일제강점기인 1944년 일본이 대륙침략을 위한 전력생산과 공급을 위해 세운 화천댐이 완공된 이후 생겨난 인공호수다. 댐이 만들어지면서 당시 간동면 수하리, 수상리에 터전을 가꾸고 살아왔던 1백여 가구 터가 물에 잠겼다. 그래서 이 지역 사람들은 터전을 옮겨야 했고 이 호수의 이름을 '대붕호大鵬湖'라 짓고 마을 이름도 '구만리九萬里'라고 했다고 한다. 대붕大鵬은 한 번 날갯짓하면 구만리를 난다는 전설의 새다. 그런데 마을 사람들은 이곳의 호수를 '대붕호'라 부르면서 호수에 대붕이 날면 대풍년이 든다는 믿음을 담아 이렇게 이름을 지었다.

그렇기에 '대붕호'라는 이름은 인공호수가 만들어지면서 잃어버릴 수밖에 없었던 상실의 아픔을 견뎌내기 위한 것이었는지도 모른다.

하지만 일제강점기의 수탈과 이를 극복하고자 선택한 '대붕호'라는 이름은 한국전쟁을 겪으면서 '파로호'라는 이름으로 바뀌었다. 1951년 4월, 한국군 6사단은 화천 사창리 부근에서 치열한 전투를 벌였으나 크게 패하였다. 양평 용문산 지구까지 후퇴한 6사단은 전열을 정비하고 다시 중공군과 접전을 벌여 큰 승리를 하게 된다. 이후, 이 용문산 전투에서 크게 패한 중공군은 다시 대붕호까지 후퇴했고, 중공군 약 2만2,000여 명이 바로 이 호수에 수장되었다. 그야말로 수장되는 그 순간은 말 그대로 아비규환阿鼻叫喚의 지옥이었을 것이다.

하지만 전쟁에서 누군가의 패배는 누군가의 승리다. 그렇기에 승전과 패전을 나누는 것은 불가피하다. 하지만 문제는 권력자들이다. 그들은 누군가가 피를 흘리며 쌓은 전공을 자신의 것으로 만든다. 한국전쟁 당시 서울 시민을 버리고 몰래 도망갔던 이승만 전 대통령은 마치 자신이 조선의 왕이라도 된 듯이 이곳의 전투를 치하하며 조선의 왕들이 그랬듯이 '깨트릴 파破' 자와 '오랑캐 노虜' 자를 써서 '파로호'라는 새로운 이름을 '하사'하였다. 참으로 아이러니한 현실이다. 그런데 파로호전망대에 오르면 이 역사의 흔적을 볼 수 있다. 파로호 안보전시관 위쪽으로 나 있는 포장길을 따라 150m 정도를 올라가 보면 2층짜리 '팔각정八角亭' 모습을 한 '파로호전망대'가 있다. 그리고 전망대 바로 옆에는 1955년 이승만 전 대통령이 직접 글을 썼다고 알려진 '파로호 비'가 세워져 있다. 비석에 새긴 '파로'라는 글자를 보고 있노라면 이곳에서 죽어간 수많은 목숨은 그에게 그저 한낱 전리품에 불과한 것인지도 모른다는 생각이 든다.

하지만 비석을 지나쳐 파로호전망대에 올라서면 '파로호'가 아닌, 그 이름처럼 대붕이 날개를 활짝 편 채 날아가고 있는 것만 같은 '대붕호'가 눈앞으로 펼쳐진다. 한국 고유의 산수화가 그러하듯 잔잔한 파란색의 물결 위에 산과 나무가 검게

물들어 있다. 잔인한 '파로호'라는 이름만 없다면, 여느 시골에서도 흔히 볼 수 있는 고요하고 한적하고 평화로운 저수지다. 그러나 그 안으로 보이는 서늘한 풍경이, 눈이 아닌 머릿속으로 그려지고 가슴속으로 아려온다. 일제강점기 당시 얼마나 많은 이들이 댐 건설에 징용 당하였다가 안타까운 삶을 마감하였을지, 한국전쟁 당시에 '피아彼我'를 막론하고 또 얼마나 많은 이들이 희생을 당하였을지 쉽게 상상하긴 힘들다. 평화롭고 잔잔한 수면 아래로 우리들의 가슴 아픈 역사적 상처가 흐르고 있었다.

화천이 숨겨온 운해(雲海)의 비경,
해산전망대

전적비가 세워진 화천의 유명한 산들만큼 그 이름이 널리 알려지지는 않았지만, 화천을 방문했던 이들이 분명 한 번쯤은 반드시 거쳐갔을 산이 있다. 바로 해산日山(1194m)이다. '해가 떠오르는 산'이라는 이름을 가진 이 해산은 2009년까지 민통선 지역 내 있어 사람들에게 알려지지 않았던 곳이다. 하지만 화천의 관광명소인 '평화의 댐'을 지나는 길목에 놓여있어 결국 민간인에게 공개되었다. 그러나 그것 말고도 해산의 이야깃거리는 무수히 많다. 화천에서 제일 처음 일출을 볼 수 있다는 의미에서 해산으로 이름이 지어졌다는 것부터, 과거부터 산길이 험준하여 호랑이들이 많이 살았다는 전설이 있어 '호랑이산'으로 불렸다는 이야기도 있다. 또 해산령 정상에 놓여있으면서 '최북단, 최고봉, 최장터널'로 국내에 널리 홍보되었던 해산터널 관련 이야기도 있다.

색다른 방법으로 화천을 볼 수 있게 해주는 해산 중턱의 '해산전망대'는 이제 이런 이야기들에 빼놓을 수 없는 서사로 첨가되었다. 해산터널을 지나 5분 정도

해산령

구불구불 고갯길을 내려오면 만날 수 있는 '해산전망대'는 DMZ 접경지역의 무수한 전망대에 비해 수수하고 소박하다. DMZ 접경지역의 많은 전망대가 규모가 큰 건물 형태로 만들어지고, 그곳에서 유리창 너머로 북쪽 지역을 관람할 수 있는 곳이라면, 해산전망대는 건물 규모도 자그마한 데다가 그 흔한 망원경조차 없는 곳이다. 사방이 탁 트인 정자亭子와 어디서도 흔하게 볼 수 있는 낡은 의자들만이 놓여있을 뿐이다.

그런데도 이 해산전망대에서 바라보는 광경은 화천의 아름다운 모습 전체를 압축적으로 담고 있다. 전망대 앞으로 굽이굽이 펼쳐진 높은 산들의 모습만큼이나 그 사이로 구불구불 흘러가는 물줄기가 시원스레 눈에 담긴다. 또한 본래의 이름을 잃은 채, 한국전쟁과 관련된 이름으로만 기억되고 불리는 파로호의 전경 역시 한눈에 들어온다.

그러나 무엇보다 이곳 해산전망대는 화천에서 흔하게 볼 수 있는 산과 계곡만이 아닌, 그 위로 펼쳐지는 '구름의 바다'를 볼 수 있다는 점이 특징이다. 흔히 화천 해산령에서는 세 가지 비경이 있다고 알려져 있다. 그중 제1경과 제3경이 바로 화천의 산을 뒤덮는 단풍과 해산전망대 아래쪽에 자리 잡은 파로호의 아침 물 안개라고 한다면, 제2경은 해산전망대에서 바라보는 '운해雲海'라고 할 수 있다. 산과 계곡, 그리고 구름이 바다처럼 펼쳐진 화천의 아름다운 모습을 모두 볼 수 있는 곳은 화천에서도 오직 이곳 해산전망대가 유일하다. 굽이굽이 겹쳐진 산능 성들 사이로 깊은 골짜기가 보이고, 동이 터오는 새벽녘엔 이 골짜기들의 틈새로 안개가 피어나 다시 구름과 뒤섞여 장관을 이룬다. 요즘의 시선으로 볼 때 낡고 보잘것없는 이 해산전망대가 더 소중하게 느껴지는 건 바로 이 때문이다.

평화의 상징이 된 적대의 산물,
평화의 댐

해산전망대를 지나 북쪽으로 더 올라가면 남북의 적대적 대결이 낳은 역사적 아이러니의 현장을 만나게 된다. '평화의 댐'이다. '평화의 댐' 역사는 30여 년 전 부터 시작되었다. 1986년 10월 30일 당시 건설부 장관은 북이 수공水攻 용도로 금강산댐을 짓고 있으며, 이 댐을 의도적으로 터트릴 경우, 서울의 3분의 1이 잠 기게 된다고 발표하였다. 이어 정부는 1986년 11월 26일 북의 '금강산댐'에 대응 할 수 있는 '평화의 댐' 건설을 발표하였다. 전국적인 모금 운동이 벌어졌고, 공식 적으로 당시 640억 원이 모금되었다. 1987년 2월 기공식을 했으며 1989년 1단 계 완공, 2006년 2단계 건설을 완료하였다. 화천군 화천읍 동촌리東村里와 양구군 방산면 천미리天尾里에 걸쳐 있는 이 평화의 댐은 2단계 사업을 거쳐 높이 125m, 길이 601m, 총저수량 26.3억m³의 규모로 최종 완공되었다. 소양강댐과 충주댐 에 이어 세 번째로 많은 저수량을 가지며 댐 높이는 한국에서 가장 높다. 평화의 댐 건설 목적은 공식적으로 북의 임남댐의 붕괴에 대비하기 위한 것임과 동시에 상류 지역의 홍수 발생 시 위협이 될 수 있는 북한강 하류 지역의 댐 안정성 확보와 피해방지였다.

하지만 평화의 댐은 속칭 '대국민 사기극'에 가까웠다. 북쪽의 금강산댐은 수공을 목적으로 지어진 것이 아니어서 평화의 댐을 만들 이유도 없었다. 남북의 적대적 대결은 서로에 대한 불신 속에서 거대한 댐 건설을 통해서 상호 증오를 키웠다. 당시 대국민 사기극을 벌였던 군부정권이 물러나고 민주화가 진전되면서 진실이 밝혀졌다. 아울러 평화의 댐도 이제는 적대적 대결의 상징이 되지 못한다. 대신에 '평화의 댐'은 이름 그대로 '평화'의 상징이 되어가고 있다. 이제 이곳을 찾는 사람들은 남북대결 때문이 아니라 화천의 산천이 주는 평화를 누리기 위해 온다. 실제로, 평화의 댐 주변에는 '비목공원'과 '세계평화의종공원'이 만들어졌으며, '물문화관'과 'DMZ 아카데미'가 건립되었다.

특히 2018년에는 댐에 '통일로 나가는 문'이라는 벽화를 새롭게 그려 넣었으며, 세계 최대 트릭아트(Trick Art)로 기네스 세계기록에 등재되기도 했다. 하지만

평화의 댐

착각해서는 안 되는 게 있다. 평화의 댐은 댐 그 자체로는 볼거리가 전혀 없다는 점이다. 평화의 댐은 협곡을 막고 세운 댐이기에 담수량이 매우 적으며, 방류기능이 없기에 따로 수문도 없다. 평화의 댐에는 '댐정상전망대'와 '댐하류전망대' 등으로 명명한 두 개의 전망대가 있다. 하지만 실제로 평화의 댐 정상 중간부에 조성된 '댐정상전망대'는 따로 전망대의 형태를 갖춘 곳은 아니다. 그렇지만 여기서도 평화의 댐 주위의 전경을 전체적으로 조망할 수 있고, 북쪽 험준한 산들과 그 사이의 협곡에서 흐르는 계곡물을 바라볼 수는 있다. 자유롭게 흐르는 계곡물이 이곳에 이르러 높은 벽에 가로막혀 더는 흐르지 못하는 게 아쉽기만 하다.

한반도에 울리는 평화의 종소리,
세계평화의 종 공원

평화의 댐이 평화의 상징이 되고 있음을 가장 압축적으로 보여주는 곳은 '세계평화의 종 공원'이다. 세계평화의 종 공원은 평화의 댐 아래쪽에 있다. 사실 이곳의 이름은 '세계평화의 종 공원'이지만, 세계평화의 종은 공원과 조금 떨어진 곳에 있다. 세계평화의 종은 평화의 댐 상류 지역에 매달려 있지만, 세계평화의 종 공원은 댐 하류에 만들어져 있기 때문이다. 어찌 됐든 2009년에 개장한 이 공원이 이름을 얻게 된 데는 분명 세계평화의 종이 한몫한다. 이 종은 세계의 평화를 기원하는 의미에서 전쟁을 겪었거나 분쟁 중인 60여 개국에서 사용된 탄피, 포탄, 무기류의 철 등 1만 관(37.5t)을 수거해 높이 4.67m, 지름 2.76m 규모로 제작하였다. 또 이 세계평화의 종 주위엔 세계 각국의 지도자들과 역대 노벨 평화상 수상자들이 보내온 세계평화를 위한 메시지들이 전시되어 있다.

세계평화의 종은 그 형태에서도 뜻깊은 의미를 내포하고 있다. 종 위에 달린

네 마리의 비둘기 중 북쪽으로 향한 비둘기의 한쪽 날개를 떼 내어 공원에서 따로 보관하고 있다. 이는 한반도의 진정한 평화가 9,999관 무게의 종에 이렇게 떼어진 1관을 추가해 진정한 1만 관의 종을 완성할 때야 비로소 이뤄질 수 있다는 의미를 담고 있다. 그렇기에 1만 관의 종이 완성되는 것은 곧 한쪽의 떨어진 날개가 합쳐지는 것, 다시 말해 남북이 통일될 때다. 하지만 이러한 의미보다 세계평화의 종이 더욱 큰 의미를 갖는 것은 다른 지역에 설치된 종과는 달리, 평화를 바라는 이들이라면 이곳을 방문한 누구나 자유롭게 종을 울려도 된다는 점이다.

비록 댐 하류의 세계평화의 종 공원이 세계평화의 종에 비해 찾는 사람이 덜한 것은 분명하지만, 오늘을 사는 우리에게 사색거리를 더 많이 돌려주고 있다는 점에서는 더욱 눈길을 끈다. 남북 분단의 현실을 담고 있는 침묵의 종으로서 '염원의 종'이 있으며, '울림의 정원'과 '평화의 정원'으로 이름 붙여진 공간들이 조성되어 있기 때문이다. 특히 염원의 종은 나무로 만들어진 종이자 허공에 매달아 놔 그 종을 칠 수 없게 하였다. 이렇게 한 이유는 남북 분단의 현실을 깨고 종이 세계를 향해 울려 퍼지길 기원하는 의미를 담기 위해서라고 한다.

소리가 울려 퍼지지 못하는 종은 진정한 종이라고 할 수 없다. 물 역시 마찬가지다. 물이 흐르지 못하고 가둬지면, 이내 썩는다는 것은 자연의 섭리이자 진리다. 물은 흘러야 한다. 물의 도시 화천에 더는 흐르지 못하는 물길이 있다는 게 아쉽기만 하다. 이곳 평화의 댐은 남북의 강줄기를 오랫동안 가로막아 왔다. 이곳이 과거의 적대적 대결을 상징하는 데서 벗어나 진정한 평화의 상징으로 재탄생하고 있다면, 남과 북을 하나로 잇는 강물도 곧 자유롭게 흐르게 될 것이다.

'평화의 댐' 가는 길에서 반드시 만나게 되는 해산과 해산터널

해산은 화천에서 평화의 댐으로 가는 460번 지방도로를 따라 계곡길로 진입하게 되면 중간근에서 만나게 되는 산이다. 화천에서는 해산령을 지나 평화의 댐으로 가는 이 계곡길을 '아흔아홉 굽이길'로 부르고 있다. 원래 민간인출입금지구역이 었으나, '평화의 댐'으로 갈 수 있는 최단거리라는 점에서 이 곳에 대한 출입 요구 가 증대되었고 2009년 민간에게 공개되었다. 화천 주민들은 이 곳 해산을 화천 의 북쪽에 놓인 대표적인 산이자 신산神山으로 여겨 신성시해왔다고 한다. 2009 년까지 민간인출입통제지역이었던 까닭에 해산은 원시 자연의 모습이 남아있으 며, 그런 까닭에 호랑이 목격담까지 언론에 보도되었다. 『화천군지』에서는 호랑 이와 관련된 설화와 경험담이 여전히 기록되어 전승되고 있다.

인근에는 1986년 아시안게임 유치를 기념하기 위해 만든 해산터널이 자리 하고 있다. 준공 당시 한국의 최북最北, 최장最長, 최고最高의 터널로 소개되었다. 1986년을 기념하기 위해 터널 길이도 1986m로 맞추었다고 전해진다. 해산터널 은 개통 당시 국내 최북단(북위 38도), 최고도(해발 700m), 최장(1,986m) 터널이라는 기록을 가지고 있었지만, 지금은 다른 곳에 모든 타이틀을 내줬다. 현재 최북단 터널은 양구의 돌산령터널(북위 38.14)이고, 최고봉 정선과 태백 사이 두문동재터 널(해발 1,000m), 최장은 인제양양터널(10.965km)이다.

본문의 사진이나 이미지 자료 중 별도의 출처표기가 없는 사진은 건국대학교 통일인문학연구단 DMZ연구팀에서 촬영 또는 그린 것임을 밝힙니다.
더불어 공공누리 유형 표기가 없는 자료들은 최익현 님, 화천군청의 허락을 받아 게재한 것으로, 협력에 깊은 감사 인사를 전합니다.
마지막으로 저작권 권리처리된 자료제공 플랫폼인 공유마당의 자료는 원저작자를 밝히고 각 자료 밑에 공유마당으로 출처를 밝혔으며 공공누리 유형표기 및 출처는 다음의 표와 같습니다.

장번호	쪽수	사진명	출처	공공누리 유형
2	39	금성지구 전투전적비	국가보훈처 현충시설정보서비스	1유형
3	47	제1곡 방화계	국립중앙박물관	1유형
3	47	제2곡 청옥협	국립중앙박물관	1유형
3	49	제3곡 신녀협	국립중앙박물관	1유형
3	49	제4곡 백운담	국립중앙박물관	1유형
3	50	제5곡 명옥뢰	국립중앙박물관	1유형
3	51	제6곡 와룡담	국립중앙박물관	1유형
3	53	제9곡 첩석대	국립중앙박물관	1유형
5	96	광릉요강꽃	국립생물자원관 한반도의 생물다양성	1유형
6	104	붕어섬	화천군청	3유형
6	106	산천어축제장	화천군청	3유형
6	114	한국수달연구센터 전경	한국수달연구센터	1유형
7	126	숲으로 다리	화천군청	3유형

| 건국대학교 통일인문학연구단 DMZ연구팀 소개 |

건국대학교 통일인문학연구단은 '소통, 치유, 통합의 통일인문학'과 '포스트 통일 시대의 통합적 코리아학'이라는 아젠다 연구를 수행하고 있는 인문학 분야의 유일한 통일 관련 연구소이다. 문학, 역사학, 철학 등의 인문학을 중심으로 정치학 및 북한학 등이 결합한 융복합적 통일 연구를 진행하면서 다양한 사회적 실천 사업도 진행 중이다. 또한 건국대학교 대학원 통일인문학과 및 문과대학 통일인문교육연계전공 등을 운영하면서 교육 및 후속 양성에도 힘쓰고 있다.
DMZ연구팀은 통일인문콘텐츠 개발의 일환으로 추진된 'DMZ디지털스토리텔링 연구'(2015~2016년), 'DMZ투어용 앱 개발'(2016~2019년) 등을 진행한 통일인문학연구단 산하 DMZ 분야의 전문 연구팀이다. 이 연구팀은 총 5년 동안 DMZ 접경지역을 직접 답사하면서 이 공간과 관련된 다양한 인문적 연구를 특화하여 수행했으며 다양한 원천콘텐츠를 축적했다. 이 책은 바로 이 연구팀 소속 연구진들의 지난 5년 동안의 경험을 토대로 한 답사기이다.

| 저자 소개(가나다 순) |

남경우
통일인문학/구술생애사 전공, 건국대학교 통일인문학연구단 전임연구원

박민철
한국현대철학 전공, 건국대학교 통일인문학연구단 및 대학원 통일인문학과 교수

박솔지
통일인문학/공간치유 전공, 건국대학교 통일인문학연구단 HK연구원

박영균
정치–사회철학 전공, 건국대학교 통일인문학연구단 및 대학원 통일인문학과 교수

윤태양
유가철학 전공, 성균관대학교 한국철학문화연구소 전임연구원

이의진
통일인문학 전공, 한국대학교육협의회 한국고등교육정보센터 연구원

조배준
서양철학 전공, 경희대학교 강사

DMZ 접경지역 기행 4 화천편

초판 1쇄 인쇄 2022년 04월 22일
초판 1쇄 발행 2022년 04월 29일

펴 낸 이   건국대학교 통일인문학연구단 DMZ연구팀
감   수   최익현
발 행 인   한정희
발 행 처   경인문화사
편   집   이다빈 김지선 유지혜 한주연 김윤진
마 케 팅   전병관 하재일 유인순
출판번호   제406-1973-000003호
주   소   경기도 파주시 회동길 445-1 경인빌딩 B동 4층
전   화   031-955-9300   팩   스   031-955-9310
홈페이지   www.kyunginp.co.kr
이 메 일   kyungin@kyunginp.co.kr

ISBN 978-89-499-6638-0 03910
값 10,000원